Die Lüneburger Heide
erfahren

Im Spätsommer zeigt sich die Heide
von ihrer schönsten Seite.

Linda O'Bryan und Hans Zaglitsch

Die LÜNEBURGER HEIDE erfahren

30 Radtouren durch malerische Landschaften, zu reizvollen Städten und kulturellen Highlights

BRUCKMANN

↑ Unterwegs im Totengrund
↓ Historisches Ensemble in Salzhausen
↘ Wassermühle an der Luhe

INHALT

DIE TOUREN

Im Herzen der Lüneburger Heide

Willkommenstafel in Oldendorf

Vorwort

GENUSSRADELN IN BEZAUBERNDER NATUR Die Lüneburger Heide ist die ideale Region für ausgedehnte Radtouren in der Natur. Offene Heideflächen mit Birken, Wacholdersträuchern und Vogelbeerbäumen, weitläufige Nadel- und Mischwälder, bunte Blumenwiesen, sattgrüne Weiden und faszinierende Moore verzaubern die Radlerinnen und Radler. Vor allem im Spätsommer, wenn die Heideflächen um das Heidedorf Wilsede und im Naturpark Südheide violett erstrahlen, zeigt sich die Lüneburger Heide von ihrer bezauberndsten Seite. Die Region hat aber auch außerhalb der Heideblüte ihre ganz besonderen Reize, denn sie ist kulturell, kulinarisch und historisch sehr vielfältig und interessant, und das zu jeder Jahreszeit.

Entdecken Sie die Lüneburger Heide mit unseren sorgfältig zusammengestellten Radtouren. Sie führen kreuz und quer durch das streng geschützte Naturgebiet im Herzen der Region, den umliegenden Naturpark Lüneburger Heide, den Landkreis Heidekreis und den Naturpark Südheide. Unsere Touren gewähren besondere Einblicke in einzigartige Heide-, Auen-, Geest- und Moorlandschaften und lassen Sie authentische Schnuckendörfer und romantische Heidestädte, historische Plätze und urgeschichtliche Stätten entdecken, an denen Sie sonst vielleicht einfach vorbeigefahren wären.

Alle Dörfer, Kleinstädte und Sehenswürdigkeiten sind durch ein Netz aus Radwegen miteinander verbunden. Entlang der Routen laden viele Gastronomiebetriebe zum Einkehren und zum Genießen regionaler Spezialitäten mit dem besonderen Geschmack der Heide ein.

Wir wünschen Ihnen eine gute Fahrt, stets Luft im Reifen und immer Rückenwind, aber vor allem viel Spaß beim Radeln durch die Lüneburger Heide.

Linda O'Bryan
und Hans Zaglitsch

Willkommen in der Lüneburger Heide

Mit dem Rad die Lüneburger Heide zu entdecken, ist ein besonderes Erlebnis. Das Radwegenetz ist gut, die Kulturlandschaft abwechslungsreich und auf jedem Radkilometer gibt es etwas zu entdecken – also nichts wie rauf aufs Rad!

Beste Reisezeit

Die Heide blüht laut alter Regel vom 8.8. bis zum 9.9. Die Natur hält sich aber nie an diese Daten. Oftmals schon ab Ende Juli zeigt sich die Heide von ihrer schönsten Seite. Sicher ist aber, dass während der Blütezeit die meisten Touristen die Region besuchen. Das sollte aber nicht davon abschrecken, die Lüneburger Heide vom Sattel aus zu entdecken.

Moin

Die Heijder (Heidebewohner) sprechen Plattdeutsch. »Moin« ist der Gruß für alle Tageszeiten. Einmal »Moin« reicht übrigens aus!

Die Heide feiert

August und September sind die Monate für diverse Feste wie die Krönung der Heidekönigin in Schneverdingen und Amelinghausen, das Erntedankfest oder das farbenprächtige Heideblütenfest in verschiedenen Dörfern oder das Fest der Heidekartoffel, die in Neuenkirchen im Mittelpunkt gestellt wird – einplanen, hinfahren, mitmachen!

Zeitzeugen

Großsteingräber wie die Totenstadt bei Amelinghausen, jahrhundertealte Bauernhöfe in Wilsede, das Luftbrückenmuseum in Faßberg oder die Gedenkstätte Bergen-Belsen – stumme Orte, die viel über die Geschichte der Region erzählen – nicht versäumen!

Baustil

In der Kulturlandschaft Lüneburger Heide gibt es jede Menge niedersächsische Hallenhäuser im Fachwerkstil, Schafställe und Hirtenhäuser im Zwei- oder Vierständer-Baustil sowie Treppenspeicher und Bienenzäune, alle reetgedeckt und tolle Fotomotive.

Tierische Landschaftspfleger

Sie heben kaum den Kopf, wenn man vorbeiradelt, sind ständig mit Fressen beschäftigt und pflegen so auf natürliche Weise die Heideflächen – die Heidschnucken, eine genügsame Schafrasse aus der Familie der nordischen Kurzschwanzschafe, die zusammen mit Ziegen und den Rindern »Wilseder Roten« die Heide täglich unterhalten.

Bezaubernde Natur

Das Pietzmoor ist vor mehr als 10 000 Jahren entstanden und hat sein natürliches Aussehen bis heute fast zur Gänze erhalten. Es ist das größte zusammenhängende Hochmoor der Region und auf Holzstegen leicht zu erkunden – einfach tun!

Besonderer Geschmack

Kartoffeln, Honig, Schnuckenfleisch, Schnuckenwurst, Marmelade, Buchweizentorte oder Heidegeist aus 31 Kräutern: Täglich werden Sie unterwegs auf Produkte mit ihrem besonderen Geschmack der Heide aufmerksam gemacht – einfach anhalten und in einem Hofladen oder auf einem Markt probieren.

Für Groß und Klein

Kutschenfahrten nach Wilsede, der Weltvogelpark in Walsrode, das Abenteuerressort Berg und Tal bei Bispingen, der Heidepark bei Soltau und mehrere Badeseen – in der Region gibt es viel Abwechslung für Jung und Alt.

Bruckmann-Tourenfinder

Für jeden Tag die richtige Tour

			km	Hm	Std.							
1	Hohe Heide	🔴	33	283	2.30	✓		✓	✓			✓
2	Osterheide	🔵	28	193	2.00	✓	✓	✓	✓			✓
3	Große Heidetour	⚫	47	411	4.00	✓		✓		✓		✓
4	Nordheide	🔵	33	368	2.30	✓		✓	✓			✓
5	Heideland	🔵	26	378	2.00	✓	✓	✓	✓			✓
6	Zum Totengrund	🔵	26	329	2.00	✓	✓	✓	✓		✓	✓
7	Heide-Highlights	🔴	34	453	3.00	✓		✓	✓			✓
8	Zum Pietzmoor	🔴	46	247	3.30	✓		✓	✓			✓
9	Borsteler Schweiz	🔴	29	318	2.30	✓		✓		✓		✓
10	Oberes Luhetal	🔴	38	273	3.00	✓		✓		✓	✓	✓
11	Timmerloher Heide	⚫	58	254	4.00	✓		✓	✓		✓	✓
12	Schnuckendörfer und Heidestädte	🔴	47	216	3.30	✓		✓	✓			✓
13	Seevetal und Büsenbachtal	🔵	28	144	2.00	✓	✓	✓		✓		✓

		km	Hm	Std.							
14 Stilles Hügelland	●	39	411	3.30	✓		✓	✓		✓	✓
15 Natur und Geschichte	●	43	253	3.00	✓		✓	✓		✓	✓
16 Fintautal und Wümmeniederung	●	46	142	3.30	✓		✓	✓			✓
17 Mühlenroute	●	38	211	2.30	✓		✓	✓			✓
18 Durchs Böhmetal	●	34	182	2.00	✓	✓	✓		✓		✓
19 Runde von Munster	●	54	243	4.00	✓		✓		✓	✓	
20 Ab in die Südsee	●	43	362	3.00	✓		✓	✓			✓
21 Zum Naturpark Südheide	●	38	365	3.00	✓		✓	✓		✓	
22 Bäderroute	●	46	259	3.30	✓		✓	✓		✓	✓
23 Zum Kloster Walsrode	●	29	333	2.00	✓		✓	✓			✓
24 Südheide erfahren	●	29	283	2.30	✓		✓	✓			
25 Zum Wietzer Berg	●	23	219	1.30	✓	✓	✓	✓			
26 Misselhorner Heide und Tiefental	●	25	144	1.30	✓	✓	✓	✓			
27 Nach Bergen-Belsen	●	38	243	2.30	✓		✓	✓			
28 Durchs Örtzetal	●	30	129	2.00	✓		✓		✓		
29 Oberoher Heide	●	39	326	3.00	✓		✓	✓			✓
30 Zu den Seerosenteichen	●	36	143	2.30	✓		✓		✓		✓

Unser Nachhaltigkeitskodex

Die Welt birgt viele Wunder, Abenteuer und spektakuläre Aussichten, die wir gerne erkunden möchten. Doch sie ist auch leicht aus dem Gleichgewicht zu bringen. Hier ein paar Tipps, wie wir unsere Welt nachhaltig entdecken können:

- **Die Hauptsaison meiden:** Wenn wir nicht gerade auf die Ferienzeiten angewiesen sind, können wir der Umwelt einen großen Gefallen tun, indem wir in der Nebensaison verreisen. Damit tragen wir zu einer gleichmäßigeren Auslastung der Umwelt und der Infrastruktur bei und der Urlaub wird dazu auch noch wesentlich entspannter.
- **Auf umweltschonende Verkehrsmittel setzen:** Wo es möglich ist, reisen wir mit öffentlichen Verkehrsmitteln an. Das reduziert nicht nur die Luftverschmutzung, sondern schont auch unsere Nerven. Falls das nicht geht, helfen verschiedenste Plattformen dabei, den CO_2-Ausstoß auszugleichen, vor allem, wenn das gewünschte Reiseziel nur mit dem Flugzeug zu erreichen ist.
- **Nur dort parken und campen, wo es erlaubt ist:** Selbst, wenn wir uns noch so vorbildlich verhalten und unseren Aufenthaltsort so hinterlassen, wie wir ihn vorgefunden haben, stören wir den Lebensraum von Wildtieren und hinterlassen Spuren und Gerüche. Auch Lagerfeuer entzünden wir ausschließlich an den dafür vorgesehenen Stellen und achten dabei auf Waldbrandstufen und Naturschutzgebiete.
- **Ressourcen gewissenhaft nutzen:** Manche Umweltressourcen sind bereits knapp, endlich sind auf jeden Fall alle. Um sie zu schonen, sollten wir sparsam mit ihnen umgehen, gerade in Gegenden, in denen zum Beispiel Wasser oder Strom nicht im Überfluss vorhanden sind.
- **Ein guter Gast sein:** Nachhaltig unsere Umgebung zu erkunden bedeutet auch, der hiesigen Flora und Fauna mit Respekt zu begegnen. Pflanzen sollten auf keinen Fall gepflückt werden, aber sie stehen uns bestimmt gerne Modell für das eine oder andere Foto. Das Gleiche gilt für wilde Tiere: Wir füttern sie nicht, halten Abstand und beobachten sie aus der Ferne.
- **Auf den Wegen bleiben:** Wer die vorgegebenen Wege verlässt, dringt nicht nur in die Rückzugsräume heimischer Arten ein, sondern trägt auch dazu bei, dass sich neue Wege bilden, was zur Erosion des Bodens führt.
- **Abfall wieder mitnehmen:** Plastikverpackungen jeglicher Art, Dosen, Flaschen und Papiertaschentücher (es dauert Jahre, bis sich ein einzelnes Taschentuch vollständig abgebaut hat!) gehören nicht in die Natur, sondern artgerecht entsorgt. Am besten gleich eine wiederverwendbare Brotdose oder Trinkflasche mitnehmen.
- **Lokal kaufen:** Dadurch lernen wir Land und Leute besser kennen und unterstützen die regionale Wirtschaft, außerdem sind regionale Produkte meist auch preisgünstiger und qualitativ hochwertiger.

Nachhaltig draußen unterwegs zu sein, bedeutet auch ein **respektvolles Miteinander** – das sollte stets ein Motto in der Natur sein. Es tut nicht weh, sich gegenseitig zu grüßen und sich entgegenkommend zu verhalten. So haben Wanderer auf schmalen Wegen stets Vorrang, bei Gegenverkehr gilt in steilem Gelände immer: Wer absteigt, hält an. So lassen sich die Schönheit und Vielfalt der Natur gemeinsam genießen.

INFO

PIKTOGRAMME ERLEICHTERN DEN ÜBERBLICK

Länge Höhenunterschied Fahrzeit

Einkehr

viel Sonne

ÖPNV

kindergeeignet

schattiger Weg

Sehenswürdigkeit

Baden

ANFORDERUNGEN

● LEICHT

Technisch einfache Radtour auf gut ausgeschilderten und befestigten Wegen, die außerdem durch ihre kurze Wegstrecke schnell und leicht zu befahren sind. Hierbei handelt es sich oft um Strecken, die vor allen Dingen von trainierten Radlern auch als Halbtagestour in Angriff genommen werden können.

● MITTEL

Touren, die durch einzelne Abschnitte oder Begebenheiten nicht mehr als leicht eingestuft werden können, aber dennoch nicht schwer sind. Oft handelt es sich um kurze Bereiche, bei denen die etwas schlechtere Wegbeschaffenheit kein müheloses Rollen ermöglicht. Außerdem sind hier auch schon mal kurze Abschnitte entlang von Straßen zu bewältigen oder der ein oder andere moderate Anstieg zu fahren. Die meisten Touren landeten jedoch in dieser Kategorie, weil sie mehr Kilometern umfassen.

● SCHWER

Anspruchsvollere Strecken, auf denen man sich schon alleine wegen der Länge mit Vorrat eindecken sollte. Bei den schweren Touren handelt es sich ausnahmslos um Ganztagestouren, die man nur mit entsprechender Kondition angehen sollte.

Quer durch die blühende Heidelandschaft

DIE LÜNEBURGER HEIDE ERFAHREN

Radfahren in der Lüneburger Heide ist sicher ein unvergessliches Erlebnis, besonders wenn die Heide in voller Blüte steht. Es gibt allerdings einige Dinge, die man bereits vor und während der Reise unbedingt berücksichtigen sollte. Nachstehend deshalb einige Tipps für die Reiseplanung und den praktischen Radalltag.

Unsere Radtouren haben als Ausgangspunkt fast immer einen (Wander-) Parkplatz, der für die Anreise mit dem Auto, teilweise auch mit dem Wohnmobil gute Voraussetzungen mit sich bringt. Die von uns ausgewählten Parkplätze sind in der Regel kostenlos. Vereinzelt kann auch mit der Bahn angereist werden. Informationen dazu gibt es auf der Website der Deutschen Bahn. In der Hochsaison gibt es zudem mehrmals täglich kostenlose Shuttlebusse mit Radanhänger. Die verkehren auf fünf Routen in der Lüneburger Heide mit Ausnahme der Südheide und bedienen 100 Haltestellen. Aktuelle Informationen zu diesem Busnetz gibt es unter www.heide-shuttle.de.

Alle Radrouten in diesem Buch sind Rundkurse, wodurch der Einstieg auch an anderen Orten der Route möglich ist. Die meisten Touren lassen sich auch einfach kombinieren bzw. wir haben öfters einen Ort als Ausgangspunkt für mehrere Routen genommen. So können Sie etwa an einem verlängerten Wochenende von einem Ort aus mehrere Rundtouren machen, ohne das Auto bzw. das Wohnmobil zu benutzen. Möglichkeiten zur Übernachtung gibt es in fast jedem Ort und sie variieren zwischen einfachen Gasthöfen, privaten Ferienzimmern, modernen Appartements und Hotelzimmern, die oft in historischen Fachwerkbauten eingerichtet wurden. Campingplätze sind eher dünn gesät, Wohnmobilstellplätze dagegen sind in fast jedem touristischen Ort vorhanden.

RADWEGE

Das Radwegenetz ist flächendeckend ausgebaut, die Beschilderung mit Radwegweisern samt Kilometerangabe und Radzwischentafeln gut. Der Zustand der Radwege ist unterschiedlich. In den Naturparks radeln Sie oft auf naturbelassenen Fuß- und Radwegen, Wald- und Heidewegen mit sandigem Untergrund, Kies- oder Pflasterwegen. Außerhalb der Naturparks verlaufen die Touren meistens auf geteerten, separaten Radwegen, Wirtschaftswegen oder Nebenstraßen. Hier warnen Verkehrstafeln öfter vor Radwegschäden durch Baumwurzeln oder Frost. In Ortsdurchfahrten gibt es in der Regel keinen separaten Radweg. Dann ist oft der Gehsteig für Fußgänger und Radfahrer ausgewiesen.

↓ Fachwerkhof in Neuenkirchen
↘ Radeln auf festem Untergrund

Hilfreich im Radwegenetz

RADKARTEN

Durch unsere detaillierte Routenbeschreibung, die Karten und die Beschilderung im Radwegenetz ist ein Verfahren kaum vorstellbar. Trotzdem können handelsübliche Radkarten hilfreich sein. Gut sind die Radkarte Lüneburger Heide – Harburg (Nr. 3314) im Maßstab 1:70 000 vom Verlag Kompass und die Regionalkarte Lüneburger Heide des Allgemeinen Deutschen Fahrrad-Clubs ADFC.

Die meisten Radfahrer verzichten mittlerweile auf Radkarten und benutzen stattdessen ein spezielles Navi für Radtouren. Deshalb auch bitte nicht wundern, wenn Ihr Gerät bei der Kilometeranzahl und den Höhenmetern geringfügige Abweichungen von unseren Angaben aufweist. Durch die Vielzahl an unterschiedlichen Navigationsgeräten auf dem Markt können schon mal geringfügige Unterschiede auftreten.

WELCHES RAD?

Die Lüneburger Heide ist eine überwiegend sanft gewellte Landschaft aus offenen Heideflächen mit Sandboden und Wald, Auen und Geest mit Erdboden. Die Steigungen sind nicht allzu kräfteraubend, aber der oft naturbelassene Untergrund kann das Radfahren enorm erschweren. Dann heißt es manchmal absteigen und schieben. Die Radtouren sind am besten mit einem Trekking- oder Tourenrad mit oder ohne Motor zu fahren. Das Rad sollte robust sein, gute Reifen und eine gute Federung haben. Ein Gravel- oder Mountainbike, eventuell mit Elektromotor, ist eine Option, wenn nur auf naturbelassenen Böden in den Naturparks geradelt wird.

Unsere Touren sind zwischen 23 und 58 Kilometer lang, wobei die meisten als leicht bis mittelschwer, einige aber auch als schwer (sportlich) eingestuft sind. Für viele Radler und Radlerinnen wird die Länge oft kurz erscheinen, allerdings sollten Sie bedenken, dass der naturbelassene Untergrund und/oder der Zustand des Radweges die Geschwindigkeit reduzieren wird. Die meisten unter Ihnen sind sicherlich keine Neueinsteiger, bringen einiges an Erfahrung mit und kennen ihr Rad, ihre Kondition und ihr Tagespensum.

NICHT VERGESSEN!

An Einkehrmöglichkeiten unterwegs mangelt es wirklich nicht, doch sind viele erst ab dem späten Nachmittag geöffnet. Natürlich gibt es auch Supermärkte und Tante-Emma-Läden, die offen sind. Trotzdem sollte immer eine Kleinigkeit zum Essen dabei sein und natürlich auch etwas zum Trinken. Außerdem sind ein Regen- und Windschutz sowie eine Sonnenbrille, Letzteres schon wegen der kleinen, lästigen Insekten, wichtige Ausrüstungsgegenstände, die nicht fehlen sollten.

Alte Timmerloher Allee

Einfach eine Augenweide

IM HERZEN DER LÜNEBURGER HEIDE

Bezaubernde Heide, Fachwerk vom Feinsten und Naturschutz pur

Heidegarten in Schneverdingen

1

HOHE HEIDE

Schneverdingen – Ehrhorn – Niederhaverbeck – Wilsede – Oberhaverbeck

Weite Heideflächen, sanfte Hügel, kleine Täler und Waldstücke prägen die Radlandschaft auf dieser abwechslungsreichen Rundtour quer durch die Hohe Heide. Weitere Höhepunkte dieser herrlichen Radtour sind der Heidegarten in Schneverdingen und das malerische Heidedorf Wilsede.

START AM HEIDEGARTEN Diese Radtour beginnt gleich mit einer besonderen Sehenswürdigkeit: dem wunderschön gestalteten Heidegarten am Nordrand von Schneverdingen, in dem immer etwas blüht. Ein kurzer Spaziergang am Beginn oder am Ende der Tour sollte eingeplant werden und lohnt sich bestimmt. Einige Radminuten nach dem Heidegarten Richtung Norden beginnt das Landschaftsschutzgebiet Höpen und man ist gleich mitten in der ersten bezaubernden Heidefläche der Route. Auf den nächsten Kilometern folgen Sie immer den Radwegweisern nach Barrl. Sie überqueren dabei die Landstraße geradeaus und radeln entlang der Heidebahn Buchholz-Soltau und des Kletterparks Höhenweg Arena für alle Altersstufen, anschließend erreichen Sie das Naturgebiet Camp Reinsehlen.

Tipp

LÜNEBURGER-HEIDE-ERFAHRUNG

Der frei zugängliche Heidegarten zwischen dem Landschaftsschutzgebiet Höpen und dem Nordrand von Schneverdingen ist eine einzigartige Parkanlage in der Bundesrepublik. Ende der 1980er-Jahre bei einem alten Schafstall angelegt und ab 1990 permanent vergrößert, bietet der Heidegarten heute rund 200 Heidesorten, die man auf Wegen oder vom Aussichtsturm aus bewundern kann – am besten im August, wenn die Heide blüht. Vom Frühjahr bis zum Herbst werden geführte, etwa zwei Stunden lange Wanderungen veranstaltet. Dabei erfahren Sie vieles über die Heide und den Höpen.

Traumhaft: die Heide im August

Tipp

GUTEN APPETIT

Am Heidegarten wurde der alte reetgedeckte Schafstall mit Liebe zum Detail in einen modernen Gastronomiebetrieb verwandelt. Wanderer und Radfahrer fühlen sich wohl bei Kaffee und Kuchen oder bei einem Getränk auf der schönen, rustikalen Sonnenterrasse des stets gut besuchten Ausflugslokales.

CAMP REINSEHLEN Das weitläufige, flache Gelände blickt mit seinen schnurgeraden, teils betonierten Wegen auf eine militärische Vergangenheit und auf eine sehr wechselhafte Geschichte zurück. Ende der 1930er-Jahre nahm die deutsche Luftwaffe das Gelände in Besitz und nutzte es größtenteils als Fliegerhorst. Nach dem Zweiten Weltkrieg entstand ein Lager für rund 1500 Flüchtlinge, vorwiegend Kinder und Frauen. Ab den 1950er-Jahren war das Gelände für viele Jahrzehnte der Truppenübungsplatz für britische und kanadische Streitkräfte. Überbleibsel aus dieser Periode sind unter anderem das Verwaltungsgebäude, eine Panzerwaschanlage sowie die Rote und Weiße Halle. Mitte der 1980er-Jahre wurde eine Bürgerinitiative gegründet, um die Militärbelastung in der Region zu verringern und gleichzeitig die Renaturierung des Geländes zu beginnen, was schließlich auch gelang. Ab Mitte der 1990er-Jahre wurde Camp Reinsehlen der Natur wieder zurückgegeben. Weltweite Aufmerksamkeit erhielt Reinsehlen mit dem Besuch des Dalai Lama 1998,

Kein seltenes Bild:
Pferdekutsche auf dem Weg nach Wilsede

Willkommene Tourunterbrechung:
Einkehrmöglichkeit in Wilsede

wofür auf dem Gelände für Besucher eine 25 000 Quadratmeter große Zeltstadt errichtet wurde. Heute erinnern noch Infotafeln am Wegesrand an den Besuch des geistlichen Oberhauptes von Tibet. Danach radeln Sie auf alten Parade- und Panzerstraßen quer durch die größte Sandmagerrasenfläche Norddeutschlands weiter.

ALTE FACHWERKHÖFE Einige Radminuten nach dem Camp überqueren Sie die Bundesstraße, der Sie dann nach links auf dem Radweg folgen. Bereits nach wenigen Metern biegen Sie nach rechts auf den Waldweg nach Ehrhorn ab und betreten das Naturschutzgebiet Lüneburger Heide, eine streng geschützte, autofreie Welt, wo bezaubernde Natur, frische Luft und fast absolute Stille auf Radler und Wanderer warten. Ehrhorn steht für einen ehemaligen landwirtschaftlichen Hof, der am Rand einer bewaldeten Dünenlandschaft steht. In dem denkmalgeschützten, rund 360 Jahre alten Fachwerkhof werden unterschiedliche Veranstaltungen organisiert. Zudem gibt es ein Waldpädagogikzentrum mit einer Ausstellung, die Geschichten vom Wald sowie von der Heide und den Heidebewohnern (Heidjer) gewidmet ist. Beim Hof beginnt auch ein vier Kilometer langer, familienfreundlicher Waldlehrpfad zum Selbsterkunden.

Bei Ehrhorn stoßen Sie auf einen Radweg, der durch den Wald parallel zur Landstraße nach Niederhaverbeck führt. Hier gibt es Einkehrmöglichkeiten und Rastplätze wie etwa beim Naturinformationshaus, das in einem weiteren historischen Fachwerkhof untergebracht ist. Das Informationshaus

Radweg Richtung Overhaverbeck

widmet sich mit seiner Ausstellung größtenteils den Heidebienen und den Besonderheiten von Heidehonig und -wachs. Fotos, Filme, Bücher und ein kleiner Schaukasten mit Waben samt lebenden Bienen im Außenbereich geben einen interessanten Einblick in den Bienenalltag, und im Laden kann man unter anderem Produkte und Lektüre kaufen.

AUF NACH WILSEDE Beim Informationshaus biegen Sie nach links ab und es geht auf anspruchsvollen Wegen quer durch die Hohe Heide zum nächsten Ziel: das hübsche Heidedorf Wilsede. Der malerische autofreie Ort liegt inmitten des Naturschutzgebietes an einem Talrand, ist vollständig von Heide umgeben und blickt auf eine lange Geschichte zurück. Die Zeit im abgeschiedenen Dorf im Herzen des Naturschutzgebietes scheint stehengeblieben zu sein. Vielleicht deswegen ist Wilsede auch ein sehr beliebtes Ausflugsziel mit Gastronomie, Galerien und dem Heimatmuseum Dat ole Huus, das Einblicke in das einstige Dorfleben der Heidjer bietet. Erreichbar ist der Ort für Außenstehende nur zu Fuß, mit dem Fahrrad oder mit einer Pferdekutsche. Ein kurzer Spaziergang durch den Ort lohnt und führt vorbei an verstreut liegenden reetgedeckten Fachwerkhöfen im niedersächsischen Stil. Die meisten sind noch heute bewohnt und deshalb nur von außen zu bewundern.

PANORAMABLICKE Von Wilsede radeln Sie ein Stück auf der Asphaltstraße bis zur

Gabelung zurück. Hier halten Sie sich links und von nun an immer Richtung Oberhaverbeck. Die teils sandige Radstrecke führt etwas steiler bergab, aber mit grandiosen Ausblicken auf die Täler und Hügel der Hohen Heide. So fühlt sich die Lüneburger Heide an – einfach tief durchatmen und die Natur genießen. In Oberhaverbeck halten Sie sich rechts und radeln auf dem schattigen Radweg nach Niederhaverbeck bis zum Hotel Haferbecker Hof zurück. Hier folgen Sie nun den Radwegweisern nach links Richtung Schneverdingen. Der Radweg verläuft weiter bergab mit unvergesslichen Panoramablicken auf die reizvolle, weite Heidelandschaft. An der Kreuzung im Wald angelangt, folgen Sie dem Forstweg rechts nach Barrl und verlassen Sie an der Bundesstraße geradeaus das Naturschutzgebiet Lüneburger Heide. Der Radwegweiser Heidegarten leitet Sie nach links auf einem Waldweg schließlich zum Ausgangspunkt zurück.

INFO

Mittel | 33 km | 283 Hm | 2.30 Std.

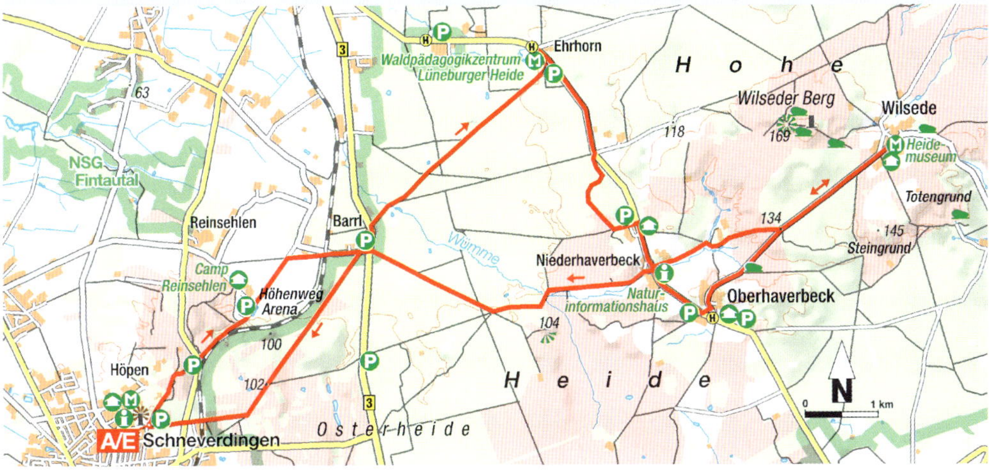

HIGHLIGHT
Sehenswürdigkeit

TOURENCHARAKTER
Rundtour auf größtenteils sandigen Heide- und Waldwegen; kleiner Abschnitt asphaltierte und betonierte Radwege

AUSGANGS-/ENDPUNKT
Parkplatz Heidegarten, Overbeckstraße 65, Schneverdingen

GPS-DATEN
53.129222, 9.797167

ANFAHRT
Auto: Auf der A 7 Ausfahrt 43a Schneverdingen und dann weiter auf der B 3, später auf der L 170
Bahn: Regionalbahn (RB) ab Hannover und Buchholz
Bus: Heide-Shuttle

KOMBINIERBAR MIT
Touren 2, 3, 8, 12 und 16

E-BIKE-LADESTATION
Schneverdingen: Heldjers Wohl, Osterwaldweg 8; Wilsede: Restaurant Milchhalle

RADVERLEIH
Schneverdingen: Bienes Fahrradverleih, Heinrich-Loose-Straße 5; Pedalo, Schulstraße 10, www.pedalo-fahrraeder.de

INFORMATION
www.schneverdingen.de

OSTERHEIDE

Schneverdingen – Hof Möhr – Tütsberg – Oberhaverbeck

Diese Runde lädt zur Entdeckung der Osterheide ein, die sich vor den Toren von Schneverdingen gen Osten erstreckt und zum Naturschutzgebiet Lüneburger Heide gehört. Die Tour durch ausgedehnte, sanft hügelige Heideflächen mit Waldinseln bietet wunderschöne Ausblicke und nette Einkehrmöglichkeiten.

2

Unterwegs nahe des Tütshofes

HEIDE UND MOOR Startpunkt ist der Parkplatz Osterheide. Ab hier folgen Sie zunächst dem Radweg an der Landstraße entlang Richtung Soltau. Links und rechts erstrecken sich nicht nur Heideflächen, sondern auch Moorgebiete, die über viele Jahre durch Torfabbau entstanden sind. Das Pietzmoor rechts vom Radweg zählt zu einem der schönsten Moorgebiete der Region, liegt am Südrand der Osterheide und ist über befestigte Bohlenstege mit dem Rad an der Hand zugänglich. Die reizvolle Rundwanderung kann gegenüber dem Startpunkt beim Naturhotel Schäferhof beginnen oder weiter östlich am Rad- und Wanderparkplatz an der Landstraße, etwa einen Kilometer entfernt. Die Erkundung des Pietzmoores ist anzuraten und die heben Sie sich am besten für das Tourende auf. Oder Sie verschieben die Erkundung einfach auf einen anderen Tag.
Die Radtour durch die Osterheide verlässt nach wenigen Radminuten die Landstraße nach links zum Hof Möhr, der etwas versteckt im Wald liegt und zu den ältesten Bauernhöfen der Region zählt. Der Hof wurde bis 1977 bewirtschaftet und ist heute der Sitz der Niedersächsischen Naturschutzakademie. Vom Hof führt die Radtour auf einer Allee zur Bundesstraße, die Sie vorsichtig überqueren und der Sie einige Meter nach links folgen. Danach verlassen Sie die Straße nach rechts und folgen dabei den Radwegweisern Behringen. Kaum haben Sie die Straße hinter sich gelassen, sind Sie mitten in einer ruhigen Heidelandschaft.

AUSSICHTEN GENIESSEN Mit schönen Ausblicken und auf nahezu ebener Strecke radeln Sie durch die offene Osterheide und anschließend durch den Forst. Die Osterheide gehört zu den weniger touristisch überlaufenen Bereichen im Naturschutzgebiet. An der Asphaltstraße angelangt, halten Sie sich links Richtung Hof Tütsberg. Bereits im 16. Jahrhundert waren am Hof Heidebauern tätig. Heute wird er vom Verein Naturschutzpark bewirtschaftet. Zu der wunderschönen historischen Hofanlage gehört auch

Tipp

LÜNEBURGER-HEIDE-ERFAHRUNG

Die reizvolle, inmitten des Naturschutzgebietes etwas erhöht liegende historische Hofanlage Tütsberg ist nicht nur ein ökologischer Landwirtschaftsbetrieb, geführt vom Verein Naturschutzpark Lüneburger Heide, sondern empfängt auch Gäste im Hotel und Restaurant am Hof. Wanderer und Radfahrer sind hier täglich willkommen, um eine Pause einzulegen, und finden auf dem Hofgelände nett gestaltete Informationstafeln zur Hofgeschichte, zur umweltschonenden Bewirtschaftung und zur Pflege der ausgedehnten Heideflächen. Und auf einem kurzen Themenwanderweg erfahren Sie mehr über seltene Ackerwildkräuter.

Infotafel am Wegesrand

↑ Waldstück in der Osterheide
↗ Tütshof
→ Schnuckenherde mit Ziegen

ein Hotel mit Restaurant und Garten – eine stille Oase inmitten der Natur und eine empfehlenswerte Einkehrmöglichkeit.
Die Route führt am Hof Tütsberg geradeaus weiter Richtung Oberhaverbeck. Schon kurz danach breitet sich ein atemberaubendes Panorama aus. Bänkchen entlang der anspruchsvollen Strecke laden zum Innehalten ein. Genießen Sie die weite Aussicht über endlose Heideflächen, sanfte Hügel mit Kiefern, Wacholdern und Birken. Vielleicht lässt sich auch eine Herde Heidschnucken entdecken. Auch außerhalb der Heideblüte im Spätsommer beeindruckt die Heidelandschaft, nicht mit den bekannten Farben, aber mit einer rauen Schönheit.

Tipp

GUTEN APPETIT

Delikatesse der Lüneburger Heide ist mit Sicherheit das Fleisch der Heidschnucke. Es symbolisiert den Geschmack der Heide und steht bei vielen Einkehrmöglichkeiten entlang der Radtouren auf der Menükarte, so auch im Restaurant Tütsberg. Hier servieren sie Heidschnuckenfleisch vom eigenen Biohof.

OBER- UND NIEDERHAVERBECK Die Route führt vom Tütsberg hinunter zur Wegkreuzung. Hier schwenken Sie nach rechts Richtung Behringen auf die betonierte Straße, die an die ehemalige Nutzung des Gebietes als Truppenübungsplatz erinnert. Sie erreichen eine Nebenstraße, der Sie nach links auf dem Radweg mit leichter Steigung nach Oberhaverbeck folgen.
Ober- und Niederhaverbeck gehören zu den bekanntesten und beliebtesten Erholungs-

orten im Naturschutzgebiet. Einige reetgedeckte Wohnhäuser, Fachwerkhöfe, Restaurants und Unterkünfte bestimmen das pittoreske Ortsbild.
In Niederhaverbeck folgen Sie nach links dem Radwegweiser Schneverdingen. Nochmals führt die Radroute durch eine atemberaubende Heidelandschaft mit Blick auf den Wümmeberg, und am Horizont erstreckt sich Wald, so weit das Auge reicht. Durch den Osterwald geht es schließlich nach Schneverdingen zurück, wobei Sie dem Radwegweiser zum Bahnhof folgen, vorbei am Landhotel Schnuck mit Biergarten. Gegenüber dem Ausgangspunkt, den Sie vor dem Schneverdinger Bahnhof nach links entlang der Straße wieder erreichen, gibt es noch ein gutes Restaurant mit Sonnenterrasse im Naturhotel Schäferhof, um den Tag ausklingen zu lassen.

INFO

Leicht | 28 km | 193 Hm | 2.00 Std.

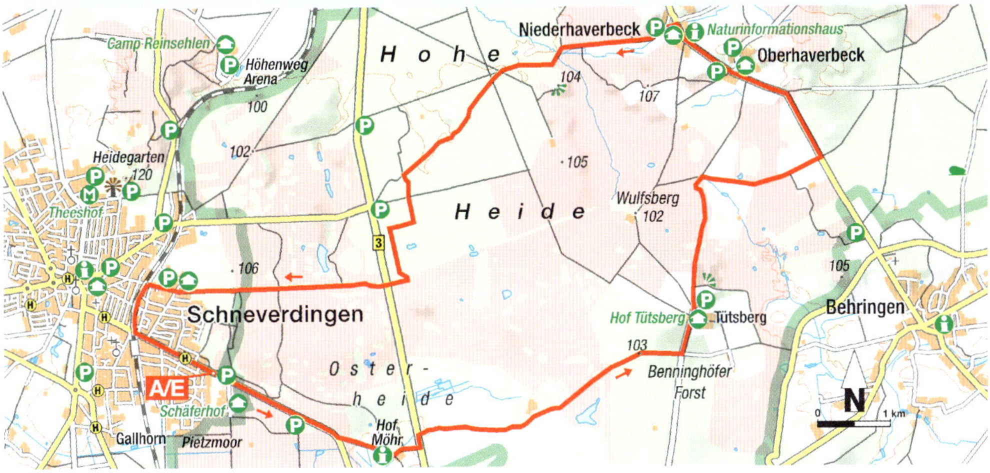

HIGHLIGHT
Naturparadies

TOURENCHARAKTER
Rundtour auf größtenteils sandigen Heide- und Waldwegen; zwei kleinere Abschnitte asphaltierte Radwege

AUSGANGS-/ENDPUNKT
Parkplatz Osterheide, Hebererstraße (L170)

GPS-DATEN
53.106361, 9.818806

ANFAHRT
Auto: Auf der A 7 Ausfahrt 43a Schneverdingen und dann weiter auf der B 3, später auf der L 170
Bahn: Regionalbahn (RB) ab Hannover und Buchholz in der Nordheide
Bus: Heide-Shuttle

KOMBINIERBAR MIT
Touren 1, 3, 8, 12 und 16

E-BIKE-LADESTATION
Schneverdingen: Heldjers Wohl, Osterwaldweg 8

RADVERLEIH
Schneverdingen: Bienes Fahrradverleih, Heinrich-Loose-Straße 5; Pedalo, Schulstraße 10, www.pedalo-fahrraeder.de

INFORMATION
www.schneverdingen.de; www.bispingen.de/poi/ober-und-niederhaverbeck

Am Rande von Höpen

3

GROSSE HEIDETOUR

Schneverdingen – Wintermoor – Wehlen – Wesel – Undeloh – Niederhaverbeck

Die Vielseitigkeit des Naturschutzgebietes Lüneburger Heide zeigt sich auf dieser Radtour vom Heidestädtchen Schneverdingen über ebene und hügelige Heideflächen, durch Agrarland, Täler und lichte Waldstücke zu hübschen Heidedörfern wie Undeloh und Wilsede. Grandiose Aussichten sind das Pünktchen auf dem i.

ERHOLUNGSGEBIET HÖPEN Schneverdingen liegt am Südwestrand des Naturschutzgebietes Lüneburger Heide und ist ein sehr guter Ausgangspunkt für Radtouren in der zentralen Heideregion. Die Tour beginnt am Parkplatz des Schneverdinger Bahnhofes. Ab hier folgen Sie den Radwegweisern ins Zentrum. Sie durchqueren das lebendige Zentrum geradeaus zum Heidegarten. Ein Stopp bei dieser einzigartigen und gepflegten Gartenanlage ist ein Muss. Von der Aussichtsplattform bietet sich ein schöner Überblick, und es zeigt sich die überraschende Vielfalt an Heidesorten. Die Tour führt am Heidegarten und dem angrenzenden Schafstall vorbei, worin ein Gastronomiebetrieb betrieben wird. Danach geht es durch den Wald und dann nach links Richtung Höpen. Höpen ist ein romantisches Erholungs- und Landschaftsschutzgebiet, geprägt von Wald, Heide, Fachwerk und touristischer Infrastruktur. Die Lage auf einer Erhebung garantiert schöne Ausblicke auf reizvolle Heideflächen, wo auch ein Schafstall und eine Heidschnuckenherde nicht fehlen. Auf der Freilichtbühne in Höpen wird alljährlich am letzten Augustwochenende die Heidekönigin gekrönt. Von Höpen radeln Sie geradeaus durch die Allee und passieren den gepflegten traditionellen Theeshof im Fachwerkstil.

WEHLENER UND WESELER HEIDE An der Kreuzung nach dem Theeshof verlassen Sie Schneverdingen nach rechts und folgen den Radwegweisern nach Wintermoor. Vor Ihnen liegt nun eine herrliche Strecke auf einer ruhigen Nebenstraße durch eine abwechslungsreiche Landschaft. Das Dorf Wintermoor durchqueren Sie Richtung

Einkehrscheune im Heidegarten von Schneverdingen

Tipp

LÜNEBURGER-HEIDE-ERFAHRUNG

Der Theeshof war einst einer der größten Höfe im Raum Schneverdingen und ist ein gutes Beispiel eines typischen Fachwerkhofes in der Lüneburger Heide. Seit Mitte der 1970er-Jahre kümmert sich der Schneverdinger Heimatbund um den Hof, der heute als Heimathaus, Museum, Standesamt und Veranstaltungsort genutzt wird. Auch wenn die Türen des Museums nicht geöffnet sind, lohnt die Besichtigung des frei zugänglichen Außenbereiches, ein schönes Ensemble aus unter anderem Bauernhaus, Schafstall, Schmiede und Honigspeicher. Aktuelle Öffnungszeiten und Veranstaltungen finden Sie auf www.heimatbund-schneverdingen.de.

Welle, und an der Gabelung am Dorfende fahren Sie nach rechts zum Bahnhof Wintermoor, wobei sie den Heidefluss Wümme überqueren. Nach dem Bahnhof überqueren Sie die Bundesstraße geradeaus Richtung Ehrhorn und folgen gleich links dem Radwegweiser Wehlen. Sie tauchen nun auf einem teils sandigen Forstweg ins Naturschutzgebiet Lüneburger Heide ein.

Die ruhige Etappe führt Sie durch Wald zum Heidedorf Wehlen. Das fast unberührte und abgeschiedene kleine Dorf liegt inmitten des autofreien Naturschutzgebietes und ist nur zu Fuß, zu Pferd oder mit dem Rad erreichbar, was einen besonderen Charme vermittelt. Weiter geht es durch die stille Wehlener Heide mit Bänken am Wegesrand, die zu einer Pause einladen, bevor Sie den nächsten Heideort, Wesel, erreichen. In dem attraktiven Heidedorf halten Sie sich rechts nach

Museum Theeshof

Emhoff in Wilsede

Undeloh auf einem separaten Radweg entlang der Nebenstraße. Die wunderschöne weite und sanft gewellte Weseler Heide begleitet Sie nun beiderseits der Straße.

HEIDEORT UNDELOH Das traditionelle Undeloh ist dank seiner Atmosphäre und Lage am Rand des Naturschutzgebietes bei Radfahrern und Wanderern sehr beliebt. Blickfänger und Stolz des Dorfes ist die historische Fachwerkkirche im Ortszentrum mit einem frei stehenden hölzernen Kirchturm. Gleich nach dem markanten Gotteshaus lenken Sie nach rechts auf die Dorfstraße, gesäumt von Fachwerkhotels, Cafés und Restaurants, die zum kulinarischen Stopp einladen. Zum Einkehren ist Undeloh bestimmt ein schöner Ort.
Undeloh ist der Wendepunkt der Route. Nach einer eventuellen Auszeit radeln Sie dann quer durch das Naturschutzgebiet. Der Stern des Naturschutzgebietes und der Touristenmagnet schlechthin, das Heidedorf Wilsede, ist das nächste Ziel, das Sie auf einem Pflasterweg erreichen. Bevor Sie Undeloh verlassen, lädt links vom Radweg noch

Tipp

GUTEN APPETIT

In Undeloh finden Sie mehrere Einkehrmöglichkeiten. Idyllisch und beliebt ist das Café-Restaurant Heiderose. Mit etwas Glück finden Sie einen Platz auf der Sonnenterrasse neben dem Teich mit Brunnen, um Kaffee und Kuchen, ein Glas Bier mit Imbiss oder den Mittagstisch zu genießen.

Pause in Wilsede

das frei zugängliche Heide-ErlebnisZentrum ein. Auf drei Ebenen wird hier auf moderne Weise die Geschichte der Heide erzählt, von ihrer Entstehung in der Eiszeit bis hin zur heutigen Landschaftspflege. Der Verein Naturschutzpark Lüneburger Heide leitet das Zentrum im schönen Fachwerkhaus und betreibt nebenbei auch ein kleines Café mit Sonnenterrasse.

TOURISTENMAGNET WILSEDE Im abgeschiedenen Heidedorf Wilsede scheint die Zeit stehengeblieben zu sein und vielleicht oder gerade deswegen gilt Wilsede als der Touristenmagnet in der Lüneburger Heide. Der Ort mit verstreut liegenden, reetgedeckten Fachwerkhöfen vermittelt den Eindruck eines Freiluftmuseums, aber die meisten Häuser sind noch heute bewohnt und nur von außen zu bewundern. Wer mehr über das einstige Dorfleben erfahren möchte, der kann einen Blick ins Heimatmuseum Dat ole Huus werfen, das in einem typisch niedersächsischen Fachwerkhallenhaus untergebracht ist.
Nachdem Sie sich in Wilsede umgesehen haben, können Sie einen Abstecher zu einer weiteren Attraktion machen: dem Wilseder Berg – mit 169 Metern die höchste Erhebung in der Lüneburger Heide. Der Weg hoch von Wilsede aus ist die leichteste Variante, dennoch aber abenteuerlich und anspruchsvoll. Die Mühe wird mit einem traumhaften Rundumblick auf die Lüneburger Heide belohnt.

DURCH DIE HOHE HEIDE Die Radtour folgt von Wilsede der geteerten Straße bis zur Gabelung. Hier halten Sie sich rechts und radeln mit herrlichen Weitblicken auf die Hohe Heide nach Niederhaverbeck weiter. Die Route verläuft direkt am Naturinformationszentrum, in dem eine interessante Ausstellung über die Heidebienen, die Imker und die Honigproduktion gezeigt wird. Weiter gibt es in Niederhaverbeck nur einige Hotels mit Restaurants in Fachwerkhäusern. Die Nebenstraße überqueren Sie links-rechts und radeln dann am Hotel Haverbeckhof entlang. Sie folgen dabei dem Wegweiser Schneverdingen hinunter, quer durch das Herz des Naturschutzgebietes. Der Blick schweift noch einmal über die offene Heidelandschaft und seine sanfte Hügel, bevor die Route in den Wald eintaucht. Die letzten Kilometer führen durch den Osterwald zurück zum Schneverdinger Bahnhof. Wenige Minuten vor dem Ausgangspunkt haben Sie im Biergarten vom Landhotel Schnuck noch die Möglichkeit, den schönen Radtag durch die Heide ausklingen zu lassen.

INFO

HIGHLIGHT
Naturparadies

TOURENCHARAKTER
Rundtour auf geteerten Nebenstraßen und Radwegen sowie sandigen Heide- und Waldwegen

AUSGANGS-/ENDPUNKT
Parkplatz beim Bahnhof Schneverdingen, Heidkampsweg 9

GPS-DATEN
53.112222, 9.798917

ANFAHRT
Auto: Auf der A 7 Ausfahrt 43a Schneverdingen und dann weiter auf der B 3, später auf der L 170
Bahn: Regionalbahn (RB) ab Hannover und Buchholz
Bus: Heide-Shuttle

KOMBINIERBAR MIT
Touren 1, 2, 8, 12 und 16

E-BIKE-LADESTATION
Schneverdingen: Heldjers Wohl, Osterwaldweg 8
Undeloh: bei den Vermietern
Wilsede: Restaurant Milchhalle

RADVERLEIH
Schneverdingen: Bienes Fahrradverleih, Heinrich-Loose-Straße 5; Pedalo, Schulstraße 10, www.pedalo-fahrraeder.de
Undeloh: Heitmanns Hökerladen, Wilseder Straße 8, Ferienhof Heins, Zur Dorfeiche 12, www.ferienhofheins.de

Schwer | 47 km | 411 Hm | 4.00 Std.

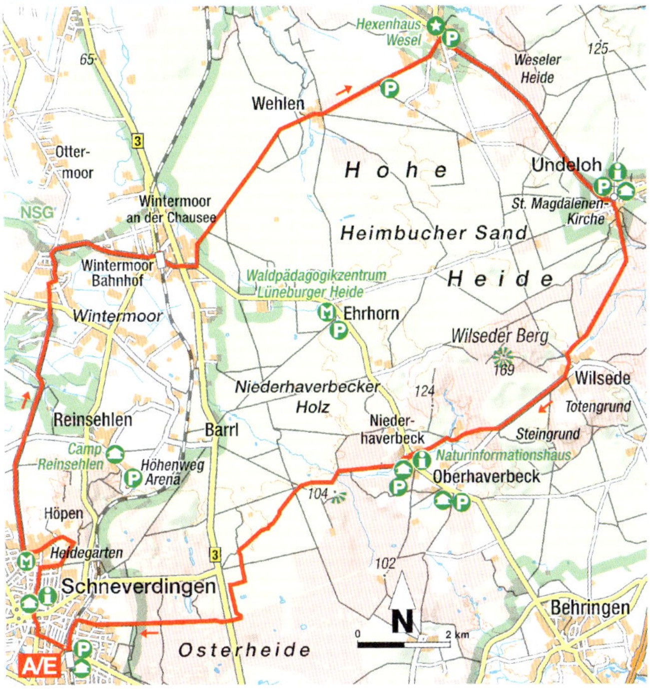

INFORMATION
www.schneverdingen.de; www.undeloh.de; www.bispingen.de/poi/ober-und-niederhaverbeck

NORDHEIDE

Undeloh – Wesel – Wehlen – Inzmühlen – Hanstedt – Ollsen

Auf diese Rundtour entdecken Sie den Norden des Naturschutzgebietes Lüneburger Heide. Dabei radeln Sie von Heidefläche zu Heidefläche, die zu jeder Jahreszeit mit herber Schönheit und unvergesslichen Ausblicken besticht und mit ihrer Farbenpracht manchmal sogar einfach nur magisch wirkt.

4

Farbenpracht am frühen Morgen

HEIDE, SO WEIT DAS AUGE REICHT Von Undeloh geht es zunächst bequem auf dem separaten Radweg entlang der Landstraße in den ruhigen Heideort Wesel, quer durch Wald und die sanft hügelige Weseler Heide. Eine landschaftlich sehr schöne Strecke mit Heideflächen beiderseits des Radweges, so weit das Auge reicht. Besonders zur Heideblüte zwischen Anfang August und Anfang September zieht diese Gegend zahlreiche Besucher an. Ein besonders schöner Aussichtspunkt liegt unweit des Wanderparkplatzes, zu dem Tafeln den Weg weisen. Beliebtes Ziel in der Weseler Heide sind die Pastorenteiche nordöstlich von Wesel. Heidepastor und Naturschutzpionier Wilhelm Bode (1860–1927), der zum Erhalt der Lüneburger Heide viel beigetragen hat, soll gerne in dieser idyllischen Landschaft verweilt haben. Die Teiche liegen etwas abseits dieser Radroute. Vom Wanderparkplatz oder vom Zentrum in Wesel können Sie einen Abstecher machen.
Am Ortseingang des beschaulichen Wesel verlassen Sie die Landstraße nach links und radeln weiter nach Wehlen. Auf der nächsten Etappe erwarten Sie nur Ruhe und eine schöne Radlandschaft aus Waldstücken, Feldern und nochmals herrlichen Heideflächen. Die Wehlener Heide ist nicht so groß wie die Weseler, liegt etwas abseits und lockt deshalb weniger Besucher an, wodurch sich die Natur aber häufig ungestört genießen lässt. Am Rande der Wehlener Heide, inmitten der autofreien Zone des Naturschutzgebietes, überrascht das abgeschiedene und nahezu unberührte kleine Heidedorf Wehlen, in dem etwa ein Dutzend Menschen lebt.

HEIDE UND HEIDEFLUSS In Wehlen halten Sie sich rechts Richtung Handeloh und Inzmühlen, wobei Sie einer Etappe des Seeve-Radweges folgen. Der Heidefluss Seeve entspringt südlich von Wehlen. Durch eine abwechslungsreiche Landschaft mit einigen

Fachwerkhäuschen in Wesel

Tipp

LÜNEBURGER-HEIDE-ERFAHRUNG

Die evangelisch-lutherische Sankt-Georgs-Kirche in Hanstedt zählt zu den ältesten Gotteshäusern in der Lüneburger Heide. Die Basis der Kirche entstand gegen Ende des 10. Jahrhunderts. Interessant und sehenswert an der wuchtigen Feldsteinkirche sind im Chorraum das Abendmahlbild aus der Zeit vor der Reformation, der mit Gold verzierte Flügelaltar aus dem 15. Jahrhundert und die barocke Kanzel vom Beginn des 18. Jahrhunderts. Die Orgel stammt aus dem Ende des 19. Jahrhunderts, ebenso der neue Turm, der anstelle eines Wehrturmes errichtet wurde und zwei Glocken von 1465 bzw. 1844 beherbergt.

↑ Hofladen in Inzmühlen
↗ Dorfkirche von Hanstedt
→ Weiher in der Nordheide

kleinen Heideflächen erreichen Sie bei Inzmühlen wieder die Landstraße. Hier treffen Sie links nach wenigen Metern auf den schön restaurierten Cassenshof mit Hofladen und Hofcafé mit gemütlicher Terrasse direkt an der Seeve. Die Radroute verläuft allerdings nach rechts entlang der Landstraße, weiter durch die stimmungsvolle Inzmühlener Heide zurück in Richtung Wesel. Sie folgen in Wesel nach links dem Radwegweiser Richtung Schierhorn und erreichen über den separaten Radweg entlang der Straße nach wenigen Minuten einen Wanderparkplatz. Hier verlassen Sie die Straße und biegen nach rechts auf den zunächst mit Kies befestigten Rad- und Wanderweg durch das Naturschutzgebiet nach Hanstedt ein.

Tipp

GUTEN APPETIT

In der autofreien Zone des Naturschutzgebietes treffen Sie selten auf Gastronomiebetriebe, und die Restaurants in den Heidedörfern haben wochentags in der Regel erst am späten Nachmittag geöffnet. Nette Rastplätze begegnen Ihnen aber überall – perfekt für ein mitgebrachtes Picknick.

AUF DEM TÖPS Die Strecke nach Hanstedt führt Sie durch die Region Hanstedter Berge mit der Töpsheide, die auch als Auf dem Töps bezeichnet wird. Das bei Radfahrern und Wanderern beliebte Ziel ist eine Hochheidefläche auf etwa 100 Metern über NN und bietet wunderschöne Panoramen und Weitblicke. Rastplätze laden zum Genießen der Ruhe, Natur und Aussichten ein, aber auch zum Erholen von der teils anspruchsvollen Radstrecke. Die Route durch die Töpsheide endet nach einem Wald in Hanstedt, einem lebendigen Ort, den die Tour nur am Rande streift. Sie stoßen am Ortseingang auf eine Nebenstraße und folgen ab hier auf einem Waldweg den Radzwischentafeln zurück Richtung Undeloh über Ollsen. Als Alternative können Sie der Nebenstraße nach rechts folgen und Ollsen so auf dem geteerten Radweg mit leichten Steigungen erreichen. Bevor Sie die letzten Kilometer der Tour beginnen, könnten Sie noch eine Pause im Zentrum von Hanstedt einlegen. Denn um die imposante Sankt-Georgs-Kirche im Ortskern gibt es einige gute und gemütliche Einkehrmöglichkeiten. Im stillen Ollsen leiten die Radzwischentafeln Sie vorbei am Gasthof Zur Eiche und dann weiter im Auf und Ab durch den Wald zurück nach Undeloh.

INFO

Leicht | 33 km | 368 Hm | 2.30 Std.

HIGHLIGHT
Sehenswürdigkeit

TOURENCHARAKTER
Rundtour auf asphaltierten Radwegen und Nebenstraßen sowie sandigen Heide- und Waldwegen

AUSGANGS-/ENDPUNKT
Parkplatz gegenüber der Kirche, Zur Dorfeiche 5, Undeloh

GPS-DATEN
53.197278, 9.974694

ANFAHRT
Auto: Auf der A 7 Ausfahrt Egestorf und weiter auf der Landstraße über Sahrendorf
Bus: Heide-Shuttle

KOMBINIERBAR MIT
Touren 5 und 7

E-BIKE-LADESTATION
Undeloh und Hanstedt: bei den Vermietern

RADVERLEIH
Undeloh: Heitmanns Hökerladen, Wilseder Straße 8, Ferienhof Heins, Zur Dorfeiche 12
Hanstedt: Fahrrad Franzke, Hauptstraße 3, Dierkshausen

INFORMATION
www.undeloh.de; www.hanstedt.de

Wohnscheune in Egestorf

5

HEIDELAND

Undeloh – Sudermühlen – Egestorf – Hörpel – Sellhorn – Wilsede

Diese leichte Radrunde im Herzen der Lüneburger Heide bietet von allem etwas: besondere Naturschönheiten, alte Kulturlandschaften, Heideorte mit angenehmer Dorfatmosphäre, bemerkenswerte Kirchen, historische Wassermühlen und immer wieder wunderschöne weite Ausblicke.

MALERISCHE HEIDEORTE Ausgangspunkt dieser Route ist das Heidedorf Undeloh, eines der schönsten Dörfer der Region. Die reetgedeckten Fachwerkhäuser verleihen dem Dorf einen typischen Heidecharakter. Wahrzeichen ist die auffallende, historische Dorfkirche Sankt Magdalena. Ihr frei stehender, hölzerner Glockenturm ist typisch für die Lüneburger Heide und hier ist auch der Startpunkt dieser Radtour. Sudermühlen ist das erste Ziel. Sie folgen den Radwegweisern an der Hauptstraße entlang, vorbei an der Touristeninformation bis zur Freiwilligen Feuerwehr. Hier weist eine Radzwischentafel Sie nach rechts. Sie lassen Undeloh schon bald hinter sich. Die erste Etappe führt Sie auf einen unbefestigten Weg durch den Wald und an der Undeloher Heide entlang nach Sudermühlen. Alternativ können Sie von Undeloh den Radweg an der Landstraße entlang bis zum beschaulichen Sahrendorf nehmen und hier nach rechts auf einer Asphaltstraße nach Sudermühlen radeln. Beide Routen kommen am Landhotel Hof Sudermühlen zusammen. Hier überrascht am Ufer der Schmalen Aue, eines Nebenflusses der Seeve, die alte pittoreske Wassermühle Sudermühlen.

Tipp

LÜNEBURGER-HEIDE-ERFAHRUNG

Pastor Wilhelm Bode (1860–1927) stand an der Wiege des Naturschutzes der Lüneburger Heide. Im Auftrag des Münchner Vereines Naturschutzpark e. V., kurz VPN, kaufte er mit Spendengeldern 1905 den Totengrund, fünf Jahre später den Wilseder Berg. Ziel des Ankaufes war, die Zersiedlung der Region zu verhindern und die Region zu schützen. Heute stehen unter dem Schutz des VPN nicht nur 9500 Hektar Fläche, sondern auch zahlreiche Gebäude. Dem Pastor wurde in Egestorf ein Denkmal gesetzt, wo er rund 37 Jahre lang die Pfarrgemeinde betreute.

Hof Sudermühlen: malerisch am Wasser gelegen

Teestube in Undeloh

VON EGESTORF NACH HÖRPEL Vom Hof Sudermühlen verläuft der Radweg im Auf und Ab durch lichten Wald nach Egestorf. Unterwegs verbirgt sich oberhalb des kleinen Wanderparkplatzes der schöne Rastplatz Birkenbank. Die Aussicht von der Anhöhe auf die Birkengruppe, das Tal und die Heidelandschaft mit alten Bienenstöcken ist unverwechselbar und unbedingt einen Stopp wert. Kurz danach erreichen Sie Egestorf und seine reizvolle alte Heidekirche Sankt Stephan mit ebenfalls einem frei stehenden Glockenturm. Rund um die Kirche finden Sie einige nette Einkehrmöglichkeiten.

Von Egestorf geht es weiter nach Döhle. Sie haben dabei zwei Optionen: Diese Radroute verläuft im Ortszentrum an der Kirche rechts entlang und kurz danach vor dem alten Friedhof wieder nach rechts auf den Döhler Kirchweg. Eine schöne Strecke durch Wald und Wiesen, aber auf einem sandigen Kiesweg. Oder Sie radeln geradeaus an der Landstraße entlang nach Döhle. Diese Variante führt am Philosophischen Steingarten vorbei, wo Findlinge aus der Gegend zusammengetragen wurden.

Vom kleinen Ort Döhle geht es am Landgasthof Döhle entlang auf einem Wirtschaftsweg mit Blick auf die Hörpeler Heide nach Hörpel. Das Heidedorf liegt an der anderen Seite der Autobahn, am Rande des Naturschutzgebietes Lüneburger Heide, und ist von Landwirtschaft geprägt. Sie durchqueren das ruhige Dorf geradeaus, biegen kurz vor der heidetypischen Dorfkirche nach rechts ab und verlassen Hörpel am Grillplatz entlang auf einem Kiesweg Richtung Sellhorn.

EINE STRECKE DER SUPERLATIVE Der nächste Abschnitt führt Sie durch das Hügelland des Naturschutzgebietes über Sellhorn zur Heideperle Wilsede, das im Schatten des 169 Meter hohen Wilseder Berges liegt. Eine Strecke der Superlative, denn bevor Sie das wohl bekannteste Heidedorf beim höchsten Berg der Region besuchen, erwartet Sie eines der schönsten Heidetäler: der Totengrund. Einen unvergesslichen Blick auf diese einmalige, fast mystische Heidelandschaft haben Sie vom Aussichtspunkt aus, und der entschädigt für die anspruchsvollen, teils naturbelassenen Radwege. Wilsede wirkt mit seinen verstreut liegenden, strohgedeckten Fachwerkhäusern und seinen alten Pflasterstraßen wie ein Freilichtmuseum. Nehmen Sie sich Zeit, um das Dorf zu erkunden. Vielleicht besuchen Sie auch das Dorfmuseum über das Leben der Heidjer, wie sich die Heidebewohner selbst nennen. Oder Sie legen einfach eine Pause auf einer der Sonnenterrassen bei einem kühlen Getränk ein. Von Wilsede sind es nur noch einige Kilometer nach Undeloh, am besten auf dem Heide- und Sandweg parallel zur gepflasterten Hauptroute.

Tipp

GUTEN APPETIT

Das Selbstbedienungsrestaurant Milchhalle in Wilsede serviert leckere regionale Gerichte wie die Heidschnuckenbratwurst, die deftige Heide-Erbsensuppe oder Fleisch von den Wilseder Roten, einer Rinderrasse, die zur Pflege der Heide eingesetzt wird. Zum Kaffee oder Tee gibt es hausgemachten Kuchen aus Buchweizen.

INFO

Leicht | **26 km** | **378 Hm** | **2.00 Std.**

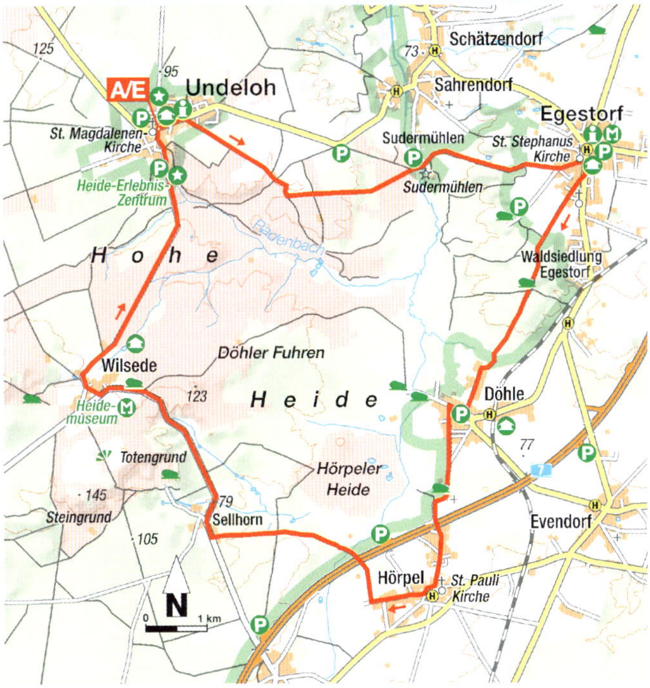

HIGHLIGHT

Naturparadies

TOURENCHARAKTER

Rundtour auf asphaltierten Radwegen und Nebenstraßen sowie sandigen Heide- und Waldwegen

AUSGANGS-/ENDPUNKT

Parkplatz gegenüber der Kirche, Zur Dorfeiche 5, Undeloh

GPS-DATEN

53.197278, 9.974694

ANFAHRT

Auto: Auf der A 7 Ausfahrt Egestorf und weiter auf der Landstraße über Sahrendorf
Bus: Heide-Shuttle

KOMBINIERBAR MIT

Touren 4 und 7

E-BIKE-LADESTATION

Wilsede:
Restaurant Milchhalle
Undeloh:
bei den Vermietern

RADVERLEIH

Undeloh:
Heitmanns Hökerladen, Wilseder Straße 8, Ferienhof Heins, Zur Dorfeiche 12
Döhle:
Evelos, Hinter den Eichen 9, www.evelos.net

INFORMATION

www.undeloh.de; www.egestorf.de

ZUM TOTENGRUND

Bispingen – Volkwardingen – Totengrund – Wilsede – Behringen

Zwei Höhepunkte des Naturschutzgebietes Lüneburger Heide verbindet diese abwechslungsreiche Rundtour: das zu jeder Jahreszeit reizvolle Heidetal Totengrund und das romantische Heidedorf Wilsede. Und auf dem Rückweg über Behringen können Sie einen Badestopp am Sandstrand des Brunausees einlegen.

6

Ferienort Bispingen

FERIENORT MIT CHARME Der Touristenort Bispingen ist Ausgangspunkt dieser schönen Radtour. Das Städtchen liegt am idyllischen Heidefluss Luhe und hat mit seinen Gassen und Restaurants einen besonderen Charme. Blickfang im Ortszentrum sind die Kirche und der gepflegte Landschaftspark am Fluss, der auf einen Spaziergang einlädt.
Die Radtour beginnt am Rathaus und folgt bis nach Wilsede einer Etappe des Radweges Heide-Erlebnis-Tour, erkennbar am Logo aus einem stilisierten weißen Rad und einer Familie auf grünem Untergrund. Sie folgen ab dem Rathaus der Straße stadtauswärts nach Volkwardingen durch den Bispinger Ortsteil Borstel in der Kuhle. Volkwardingen, am Rande des Naturschutzgebietes Lüneburger Heide gelegen, ist ein stilles, von Landwirtschaft geprägtes Dorf. Sie durchqueren den Bauernort geradeaus in Richtung Wilsede und Sellhorn (Wegweiser Totengrund), unterqueren dann die Autobahn und radeln in das Naturschutzgebiet hinein. Den Straßenverkehr und Verkehrslärm lassen Sie schon bald hinter sich.

AM TOTENGRUND An der Gabelung in Sellhorn halten Sie sich rechts an den Wegweiser in Richtung Wilsede. Einige Kilometer bevor mit Wilsede der erste Einkehrort erreicht wird, führt ein Abstecher zum Aussichtspunkt auf den Totengrund, aber auch später noch auf der Etappe von Wilsede nach Behringen können Sie das Tal erleben. Die Herkunft des Namens dieses reizvollen, mystischen Tales ist ungewiss. Der Name soll auf den armen, trockenen Heideboden hinweisen, der wirtschaftlich nichts abwarf. Eine andere Erklärung führt auf den Brauch der Wilseder Bauern zurück, die ihre Toten durch das Tal zum Friedhof nach Bispingen getragen haben sollen. Woher der Name auch stammt,

Hügelgräber bei Behringen

Tipp

LÜNEBURGER-HEIDE-ERFAHRUNG

Der Emhof (auch Emhoff) in Wilsede ist einer der ältesten erhaltenen Bauernhöfe in der Lüneburger Heide und ein sehr gutes Beispiel niedersächsischer Hofarchitektur in Holzbauweise. Ein Hof besteht in der Regel aus Hallenhaus (Wohnen und Viehhaltung unter einem Dach), Treppenspeicher (Erntelagerung), separatem Stall und Bienenzaun. Der Emhof wurde zu Beginn des 17. Jahrhunderts im Weiher Emmingen östlich von Soltau errichtet und Mitte der 1960er-Jahre Balken für Balken abgetragen und in Wilsede wiederaufgebaut. Er gehört dem Verein Naturschutzpark (VPN) und wird als Veranstaltungsort genutzt.

↑ Fachwerk in Bispingen
↗ Heidetal Totengrund
→ Heideschnuckenherde

schön und beeindruckend ist die Heide im Talkessel auf jeden Fall. Und fest steht, dass hier dank des Einsatzes des Heidepastors Wilhelm Bode die ersten Heideflächen für den Naturschutz 1905 erworben wurden. Rechtzeitig, denn bereits im gleichen Jahr lagen Pläne vor, um die Hänge des Tales mit Ferienhäusern zu bebauen.

Tipp

GUTEN APPETIT

Das Café-Restaurant Seeterrasse am Brunausee ist der ideale Ort für einen Stopp. Genießen Sie den Blick von der Terrasse auf den See bei klassischen Fleisch- und Fischgerichten, bei Kaffee und Kuchen oder einem kühlen Getränk.

WILSEDE Am Rande des Talkessels liegt Wilsede. Neben einladenden Einkehrmöglichkeiten bietet der bei Tagestouristen beliebte, autofreie Heideort mit seiner Fachwerkarchitektur auch einige Sehenswürdigkeiten wie etwa den historischen Emhof und das Heimatmuseum Dat ole Huus. Um Wilsede zu erleben, empfiehlt es sich, eine Runde durch das Dorf zu machen, bevor Sie die Radtour nach Behringen fortsetzen, anfangs auf dem Professor-Thomsen-Weg und anschließend auf dem Hermann-Löns-Weg. Die naturbelassene Strecke führt teilweise steil hinunter mit nochmals schönen Aussichten auf den Totengrund, eine eindrucksvolle Kulisse aus Heidepflanzen, Wacholderbäumen und anderen Gehölzen.

BEHRINGEN UND DER BRUNAUSEE Sie verlassen den Totengrund in südlicher Richtung durch den Wald. Die Route passiert den FriedWald Lüneburger Heide, einen besonderen Bestattungsort im stillen Mischwald des Naturschutzgebietes. Sie verlassen das Naturschutzgebiet und den Wald am kleinen Parkplatz und überqueren die Landstraße geradeaus nach Behringen. Am Wegesrand liegt rechts die kleine Behringer Hügelgräberheide. Hier blicken Sie auf eine Gruppe von ursprünglich fast 30 Grabhügeln aus der Jungsteinzeit und der beginnenden Bronzezeit in unterschiedlicher Größe. Eine Schautafel informiert Sie über diesen besonderen Bestattungsort.

An der Kreuzung in der Ortsmitte beim traditionsreichen Gasthaus Schumann lenken Sie nach links und erreichen am Ortsausgang eine Stichstraße zum Naherholungsgebiet Brunausee. Der Badesee mit Sandstrand und Einkehrmöglichkeit ist ideal für einen letzten Stopp. Den Radzwischentafeln und Wegweisern folgend, gelangen Sie vor der Autobahn nach rechts auf einen Wirtschaftsweg, unterqueren danach die Autobahn und radeln auf einer idyllischen Eichenallee zwischen den alten Bauernhöfen von Steinkenhöfen zurück nach Bispingen.

INFO

HIGHLIGHT
Naturparadies

TOURENCHARAKTER
Rundtour auf asphaltierten Nebenstraßen und sandigen Heide- und Waldwegen

AUSGANGS-/ENDPUNKT
Parkplatz Borsteler Straße 4–6, Bispingen

GPS-DATEN
53.085194, 9.998611

ANFAHRT
Auto: Auf der A 7 Ausfahrt 43a Schneverdingen und dann auf der Landstraße (Scharrler Weg) weiter
Bus: Heide-Shuttle

KOMBINIERBAR MIT
Touren 9 und 10

E-BIKE-LADESTATION
Bispingen: bei den Vermietern
Wilsede: Restaurant Milchhalle

RADVERLEIH
Bispingen: Fahr-RAD-dies!, Heidehotel Rieckmann, Kirchweg 1, www.hotel-rieckmann.de/service/fahrradverleih-lueneburger-heide; KTM Zweiradsport Meine, Borsteler Straße 13, www.meine-fahrräder.de

INFORMATION
www.bispingen.de

Leicht	26 km	329 Hm	2.00 Std.

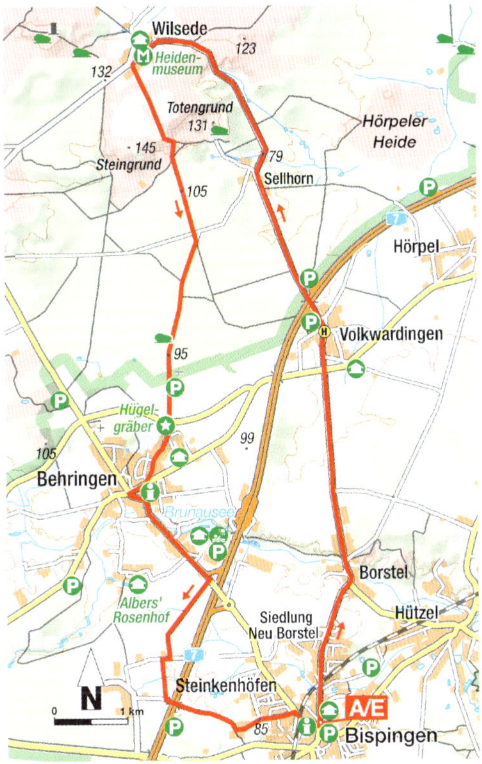

Am Rande der Lüneburger Heide

7

HEIDE-HIGHLIGHTS

Oberhaverbeck – Ehrhorn – Wehlen – Wesel – Undeloh – Wilsede

Eine Radtour, gespickt mit Highlights des Naturschutzgebietes Lüneburger Heide. Von Oberhaverbeck geht es durch vielfältige Wald- und Heidelandschaften und alte Heidedörfer wie Wehlen und Wilsede. Und mit Abstechern zu Naturattraktionen wie dem Wilseder Berg lässt sich diese Tour individuell erweitern.

OBERHAVERBECK Das kleine Heidedorf Oberhaverbeck mit seinen verstreut liegenden Höfen ist zentral im Naturschutzgebiet gelegen und wegen des Parkplatzes sowie der Übernachtungs- und Einkehrmöglichkeiten ein beliebter Ausgangspunkt, um das Naturschutzgebiet zu entdecken. Gleich hinter dem Parkplatz bietet sich bereits das erste schöne Panorama über die Hohe Heide. Vom Parkplatz folgen Sie nach links dem schattigen Radweg entlang der Straße nach Niederhaverbeck. Hier haben Sie ebenfalls eine wunderschöne Aussicht auf die sanft hügelige Heidelandschaft und können im Naturinformationshaus einen Blick in die Welt der Heidebienen werfen.

In Niederhaverbeck folgen Sie nach dem Parkplatz links dem Radwegweiser Bahnhof Wintermoor. Die Strecke führt zunächst gemütlich durch den Wald nach Ehrhorn. Sehenswert ist hier das denkmalgeschützte Heidjerhaus (Heidebauernhaus) beim Dünenwald. Der alte Fachwerkhof ist heute ein Walderlebniszentrum und Ausgangspunkt eines Waldlehrpfades für Jung und Alt. Der Radweg verläuft ab Ehrhorn allmählich hinunter Richtung Bahnhof Wintermoor und

Tipp

LÜNEBURGER-HEIDE-ERFAHRUNG

Ohne Heidschnucken keine Heide. Die zur Nordischen Kurzschwanzrasse zählenden Schafe werden als unermüdliche Landschaftspfleger eingesetzt. Der Name Schnucke leitet sich vom Norddeutschen schnökern ab, was so viel bedeutet wie naschen, weil die Schafe gerne Wildkräuter, Heidekraut und Gras verspeisen. Ganz nebenbei halten sie so die Heide von Überwucherungen frei. Hilfe bei der Landschaftspflege erhalten sie von Ziegen, mit denen sie oft in Herden herumziehen, und den Wilseder Roten, einer Kreuzung zwischen schottischen Hochland- und Angusrindern.

Ein Blick in die Undeloher Dorfkirche lohnt sich.

Wilseder Museumshof

kurz entlang der Straße, bis ein Radwegweiser Sie nach rechts auf einen Forstweg Richtung Handeloh und Wehlen führt.

EIN MEER AUS HEIDE Durch den Wald erreichen Sie das fast unberührte und abgeschiedene Dorf Wehlen. Durch seine Lage inmitten des autofreien Naturschutzgebietes ist es wie Wilsede nur zu Fuß, mit dem Rad oder mit Pferd erreichbar. Hinter dem Dorf durchqueren Sie die stille Wehlener Heide, eine nicht so große, etwas abseits gelegene Heidefläche, und gerade deswegen angenehm, um Heide pur zu genießen. Bänke am Wegesrand laden zu einer Pause ein, bevor Sie nach Wesel weiterradeln. Ab dem ruhigen Wesel verläuft der Radweg Richtung Undeloh quer durch die Weseler Heide. Ein sanft gewelltes Meer aus Heide begleitet Sie beidseitig des Weges. Einen Stopp wert ist der traditionelle Heideort Undeloh, ein Ort mit Charme dank der für die Lüneburger Heide typischen reetgedeckten Fachwerkhöfe, der Schafställe und einer Fachwerkkirche mit frei stehendem hölzernem Glockenturm. An dieser markanten Kirche in der Ortsmitte halten Sie sich rechts Richtung Wilsede und radeln durch die von Fachwerkhotels sowie einladenden Cafés und Restaurants gesäumte Straße weiter.

Gleich dahinter erstreckt sich die Undeloher Heide. Sehenswert am Ende der Straße ist das frei zugängliche Heide-ErlebnisZentrum. Besucher erfahren in diesem Fachwerkhaus mehr über die Geschichte der Heide. Der Verein Naturschutzpark Lüneburger Heide leitet das Zentrum und betreibt auch das kleine Café mit Sonnenterrasse. Nach dem Stopp in Undeloh geht es dann von Nord nach Süd durch das Naturschutzgebiet nach Wilsede.

Tipp

GUTEN APPETIT

Für Liebhaber und Liebhaberinnen von Tee ist die gemütliche Teestube in Undeloh mit ihren rund 40 Teekreationen der »place to be«. Dazu gibt es ein variationsreiches Angebot an Speisen und Desserts, alles serviert im gemütlichen Garten.

WIE EIN FREILUFTMUSEUM Nächstes Highlight und bestimmt der Touristenmagnet schlechthin ist Wilsede. Das Heidedorf gilt als Perle der Lüneburger Heide und wirkt mit den historischen, verstreut liegenden, reetgedeckten Fachwerkhöfen wie ein Freilichtmuseum. Die Häuser sind aber in Privatbesitz und bewohnt oder als Gastronomiebetrieb eingerichtet. Zu besichtigen sind lediglich das Heimatmuseum Dat ole Huus und der Emhof.
Ab Wilsede bieten sich mehrere Abstecher zu Naturattraktionen in der direkten Umgebung an. Tafeln weisen den Weg. Das beliebteste Ziel ist die höchste Erhebung der Lüneburger Heide, der 169 Meter hohe Wilseder Berg. Mehrere Wege leiten zum Aussichtspunkt hoch, der Weg ab Wilsede gilt als die leichteste Variante, ist aber trotzdem noch anspruchsvoll. Highlights ganz anderer Art sind die südlich von Wilsede liegenden, malerischen Heidetäler Totengrund und Steingrund, ebenfalls mit schönen Aussichtspunkten. Das Finale dieser Route ist die Panoramastrecke nach Oberhaverbeck mit herrlichen Weitblicken über die Hohe Heide.

INFO

HIGHLIGHT
Naturparadies

TOURENCHARAKTER
Rundtour auf größtenteils sandigen Heide- und Forstwegen; kleinere Abschnitte geteerte Radwege

AUSGANGS-/ENDPUNKT
Parkplatz gegenüber der Kirche, Zur Dorfeiche 5, Undeloh

GPS-DATEN
53.197278, 9.974694

ANFAHRT
Auto: A 7 bis Ausfahrt Egestorf
Bus: Heide-Shuttle

KOMBINIERBAR MIT
Touren 4 und 5

E-BIKE-LADESTATION
Undeloh: bei den Vermietern
Wilsede: Restaurant Milchhalle

RADVERLEIH
Undeloh: Heitmanns Hökerladen, Wilseder Straße 8,
Ferienhof Heins, Zur Dorfeiche 12
Döhle: Evelos, Hinter den Eichen 9, www.evelos.net

INFORMATION
www.undeloh.de; www.bispingen.de/poi/ober-und-niederhaverbeck

Mittel | 34 km | 453 Hm | 3.00 Std.

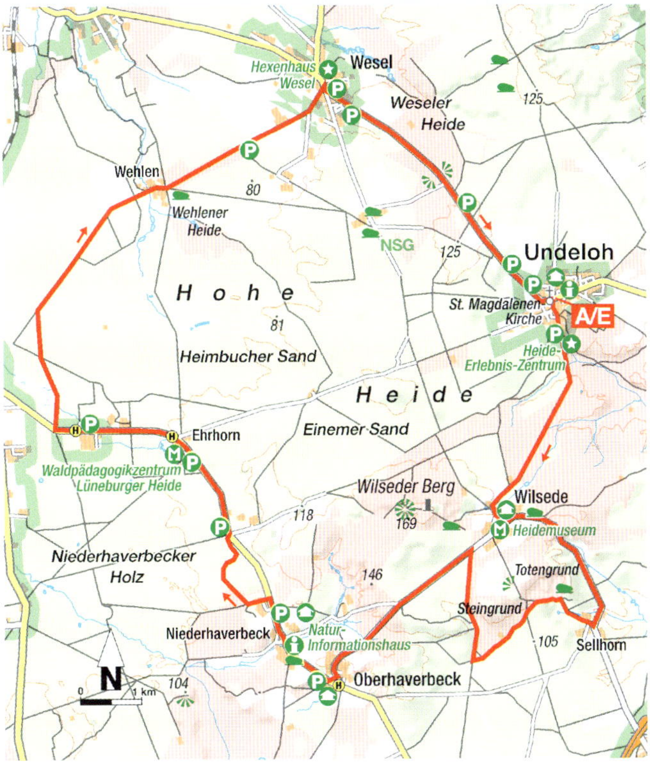

Wohlenbüttler Wassermühle an der Luhe

NATURPARK LÜNEBURGER HEIDE

Abwechslungsreiche Landschaften und sehenswerte Heideorte

Bohlensteg im Pietzmoor

8

ZUM PIETZMOOR

Soltau – Wolterdingen – Langeloh – Pietzmoor – Schülern – Ilhorn

Die reizvolle, ländliche Gegend zwischen Soltau und Schneverdingen erleben Sie auf dieser Radrunde. Herzstück ist das Pietzmoor am Südrand des Naturschutzgebietes Lüneburger Heide. Die besondere Hochmoorlandschaft mit ihrer einzigartigen Stimmung können Sie auf Bohlenstegen entdecken.

AM HEIDEWEIHER Der lebendige Heideort Soltau hat Besuchern viel zu bieten, unter anderem eine schöne Umgebung zum Entdecken mit dem Rad. Diese Tour beginnt am Parkplatz der Soltauer Therme. Sie radeln zur Ampelkreuzung, überqueren die Straße geradeaus und verlassen langsam Soltau. In der kleinen Siedlung Ebsmoor folgen Sie den Radzwischentafeln zum Waldweg. Nach einigen Metern bietet sich ein Abstecher zum Ahlftener Flatt an. Der idyllische, stille Heideweiher versteckt sich im Wald und lädt auf eine kurze Pause ein. Zurück am Radweg erreichen Sie dann eine Kreuzung und die Tour verläuft rechts weiter Richtung Schneverdingen über Wolterdingen.

DURCH KULTURLANDSCHAFT Wolterdingen mit seinen schönen Fachwerkhäusern durchqueren Sie geradeaus, entlang der bemerkenswerten alten Heidekirche mit dem für die Lüneburger Heide typischen, frei stehenden Glockenturm. Eine von Landwirtschaft geprägte Radstrecke führt hinter Wolterdingen an der Nebenstraße entlang bis nach Langeloh. Hier schwenken Sie nach links und durchqueren den Ort geradeaus

Tipp

LÜNEBURGER-HEIDE-ERFAHRUNG

Der Schwedenstein am Wegesrand beim Eggershof in Ellingen hatte einst eine wichtige Funktion. Er markierte die Grenze zwischen dem Herzogtum Lüneburg und dem Bistum Verden, das 850 in Verden an der Aller gegründet wurde. Er zeigt auf einer Seite den Lüneburger Löwen, auf der anderen das bischöfliche Kreuz. Durch das Abkommen im Westfälischen Frieden fiel das Bistum Verden an die schwedische Krone, wodurch der Stein ab dann die Grenze zwischen Schweden und Deutschland anzeigte. Im Volksmund entwickelte sich deshalb auch der Name Schwedenstein.

Rastbänkchen am Rande des Pietzmoores

Naturschutzgebiet Ahlftener Flatt

weiter Richtung Schneverdingen. Ab Wieckhorst folgen Sie dann den Radwegweisern Pietzmoor, die Sie zunächst am Westrand des Hochmoores entlang zur Landstraße in Schneverdingen leiten. Sie folgen der Landstraße nach rechts zum Wanderparkplatz Osterheide. Gegenüber dem Parkplatz erreichen Sie am Naturhotel Schäferhof und an Heideflächen vorbei das Pietzmoor.

Tipp

GUTEN APPETIT

Das Restaurant im Naturhotel Schäferhof mit schöner Sonnenterrasse beim Pietzmoor ist eine beliebte Adresse für Heidschnucken-Spezialitäten, wie Lammragout oder Schnuckenteller, aber auch für kleinere Gerichte und Imbisse wie Heidschnucken-Currywurst.

ENTSPANNUNG IM PIETZMOOR Das streng geschützte Pietzmoor ist eine fast 8000 Jahre alte Landschaft, eine Mischung aus Heide und Moor. Besonders schön ist die Landschaft im Frühling, wenn weite Moorflächen von weißen Wollgrasblüten geschmückt werden. Die Radroute stößt direkt auf die Moorlandschaft und an den Beginn des Bohlensteg-Wanderweges. Schautafeln am Wegesrand stellen Flora und Fauna vor und informieren über den jahrhundertelangen Torfabbau. Immer wieder gibt es schöne Ausblicke über das Moor. Die Bohlenstege sind schmal und nur Fußgängern vorbehalten. Radfahrer müssen das Rad schieben. Es empfiehlt sich, das Rad abzustellen und ein paar Meter auf dem Bohlenweg zurückzulegen, um einen Eindruck vom Moor zu bekommen, ein wundervoller Ort zum Entspannen und Durchatmen.
Die Radroute verläuft vor dem Bohlensteg rechts auf einem naturbelassenen Weg weiter und führt Sie am Ende nach links auf dem gleichen Weg nach Wieckhorst zurück.

AM WEGESRAND Die Etappe ab Wieckhorst geht Richtung Neuenkirchen auf dem Leine-Heide-Radweg durch die Dörfer Schülern und Vahlzen zur Sprengeler Mühle. Waldstücke, Felder und Wiesen prägen nun die Radlandschaft. Die schön restaurierte Sprengeler Mühle, eine alte Galerie-Holländer-Windmühle auf einer Anhöhe, überrascht in leuchtendem Weiß.
Von der Windmühle geht es weiter nach Ilhorn. Im Ort ist derzeit keine Beschilderung vorhanden. Sie halten sich nach dem Gasthof Zur Alten Post links, radeln nahe moderner Windmühlen entlang und überqueren die Nebenstraße nach Leverdingen. Die Route stößt dann auf die Bundesstraße und verläuft links auf dem schattigen Radweg weiter bis zur Rechtskurve, wo Sie links über einen

Wirtschaftsweg nach Ellingen und zum Eggershof gelangen, der auf eine Pause einlädt. An der Kreuzung beim Hof geht es rechts zurück zur Bundesstraße. Sie sollten aber zunächst ein paar Meter geradeaus weiterradeln, bis Sie auf den historischen Schwedenstein im Grünen stoßen.
Anschließend folgen Sie der Bundesstraße nach links und nach wenigen Minuten verlassen Sie die Straße auf einem Kiesweg durch den Wald Richtung Ahlften. Die Wegweiser leiten Sie um das Ahlftener Flatt herum und über Ebsmoor an den Rand von Soltau. Hier führt die Route am Camping Röders Park mit dem Gasthof Am Ebsmoor entlang zur Landstraße, wo Sie nach rechts abbiegen und wieder zum Ausgangspunkt gelangen.

INFO

HIGHLIGHT
Naturparadies

TOURENCHARAKTER
Rundtour auf asphaltierten Nebenstraßen, Wirtschafts- und Radwegen

AUSGANGS-/ENDPUNKT
Parkplatz an der Therme, Scheibenstraße 11, Soltau

GPS-DATEN
52.990361, 9.838639

ANFAHRT
Auto: Auf der A 7 Ausfahrt 44 Soltau-Ost und dann auf der B 71
Bahn: Regionalbahn (RB) ab/bis Bremen, Hannover und Buchholz in der Nordheide
Bus: Heide-Shuttle

KOMBINIERBAR MIT
Touren 11, 12, 18, 20 und 22

E-BIKE-LADESTATION
Soltau: am Bahnhof, am Georges-Lemoine-Platz und bei den Vermietern
Schneverdingen: Heldjers Wohl, Osterwaldweg 8

RADVERLEIH
Soltau: Fahrradverleih Wettig, Visselhöveder Straße 6, Facebook: FahrradverleihWettig; Camping Auf dem Simpel, Auf dem Simpel 1, www.auf-dem-simpel.de

Mittel | 46 km | 247 Hm | 3.30 Std.

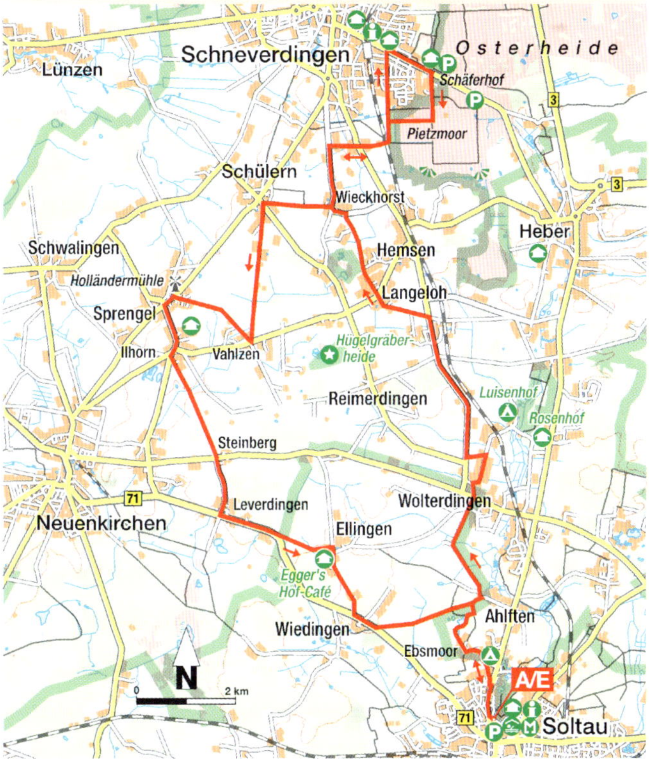

Schneverdingen: Bienes Fahrradverleih, Heinrich-Loose-Straße 5; Pedalo, Schulstraße 10, www.pedalo-fahrraeder.de

INFORMATION
www.soltau-touristik.de; www.schneverdingen.de

BORSTELER SCHWEIZ

Bispingen – Borstel in der Kuhle – Hörpel – Döhle – Evendorf – Schwindebeck

Das romantische Naturgebiet Borsteler Schweiz und die schöne Schwindequelle stehen auf dem Programm dieser landschaftlich reizvollen, aber auch herausfordernden Radroute. Sie führt durch die Gegend nordöstlich von Bispingen, ist ruhig und abwechslungsreich.

Im Zentrum von Hörpel

NETTER AUSGANGSPUNKT Die Runde startet in Bispingen, einem beliebten Urlaubsort im Luhetal, der eine lange Geschichte kennt. Eine Urkunde aus 1193 erwähnt den Verkauf des Dorfes an den Bischof von Verden, und damit war der Ortsname geboren: »von Biscopinge«, »dem Bischof gehörend«. Heute gehört der beschauliche Ort mit seiner markanten, zentral gelegenen Kirche seinen Bewohnern und den zahlreichen Besuchern.
Das Rathaus ist Ausgangspunkt der Radrunde. Sie radeln stadtauswärts und überqueren die Bahngleise Richtung Volkwardingen. Der erste Ort auf der Route ist Borstel in der Kuhle. Die Radtour führt hier nach der Überquerung des kleinen Heideflusses Brunau nach rechts weiter durch den Wald.

BORSTELER SCHWEIZ Mit einer beachtlichen Steigung schlängelt sich der Weg in die Borsteler Schweiz (auch Borsteler Kuhlen) hoch, eine hügelige Landschaft, die man in dieser Region so nicht erwartet. Oben angekommen, werden Sie überrascht von einer erstaunlichen Aussicht vom netten Rastplatz in das wundervolle, vom Gletscher geschaffenen Tiefental, gespickt mit Heideflächen. Vielleicht sehen Sie sogar Bispingen am Horizont. Die Borsteler Schweiz wurde bereits im 19. Jahrhundert von Landschaftsmalern entdeckt und in Farbe eingefangen. Geändert hat sich nur wenig; es ist noch immer ein schöner Ort zum Verweilen, um die Ruhe und Natur zu genießen.
Sie setzen auf der Asphaltstraße die Radtour fort, verlassen den Wald und radeln durch offene Agrarlandschaft auf Wirtschaftswegen nach Hörpel. Das ruhige, von Landwirtschaft geprägte Heidedorf durchqueren Sie geradeaus, vorbei an der typischen Heidekirche und einem schönen

Aussichtspunkt in der Borsteler Schweiz

Ensemble aus Fachwerkhöfen. Nach der Überquerung der Autobahn geht es weiter nach Döhle, entlang des Waldfriedhofes und mit Blick auf die Hörpeler Heide, die

Tipp

LÜNEBURGER-HEIDE-ERFAHRUNG

Die Schwindequelle liegt nur wenige Schritte von der Asphaltstraße entfernt und ist als Muldenquelle eine Rarität. Pro Sekunde werden hier 60 Liter Wasser durch die sandige Mulde gedrückt. Dabei lagern sich rötlich-gelbe Eisenoxide und türkisfarbene Manganoxide ab, was der Quelle einen hübschen Farbkontrast beschert. Die Quelle zählt zu den wasserreichsten Quellen Niedersachsens und ist mit 9 °C ziemlich kalt. Den Zeh dürfen Sie allerdings nicht hineinstecken, denn die Quelle steht seit Mitte der 1930er-Jahre unter strengem Naturschutz.

↑ Schwindebeckquelle
↗ Hörpeler Heide
→ Einkehren nahe der Schwindebeckquelle

bereits innerhalb der Grenze des Naturschutzgebietes Lüneburger Heide liegt. Das kleine Heidedorf Döhle bietet eine erste Einkehrmöglichkeit. Beim Landgasthof Döhle folgen Sie dem Radwegweiser rechts nach Evendorf, das Sie durch weites Agrarland erreichen.

Tipp

GUTEN APPETIT

Die Forellenzucht kennt eine lange Tradition in der Lüneburger Heide und die Forelle steht auch auf so mancher regionaler Menükarte. Auf einigen unserer Radtouren haben Sie die Möglichkeit, frische oder geräucherte Forellen direkt am Wegesrand zu kaufen, wie bei den Forellenteichen in Grevenhof.

SCHWINDEBACH, SCHWINDEQUELLE, SCHWINDEBECKER HEIDE An der Kreuzung in Evendorf leiten Radzwischentafeln rechts-links Richtung Schwindebeck. Auf Wirtschafts- und Forstwegen gelangen Sie am Schwindebach entlang zur Schwindequelle. Die reizvolle, zum Naturschutzgebiet erklärte Quelle im Wald bietet ein erstaunliches Farbspiel und ist ein beliebtes Ausflugsziel für Jung und Alt.
Nach dem Naturschauspiel erreichen Sie auf der Asphaltstraße das Heidedorf Schwindebeck. Auf dem Weg dorthin und unweit der Schwindequelle lädt das Café Frau Harms zum Einkehren ein. Nach einer Kaffeepause geht es weiter zur Landstraße, der Sie nach rechts folgen. Auf der letzten Etappe passieren Sie die reizvolle und stille Schwindebecker Heide. Auch im August, wenn die Heide blüht und sich ein Meer aus lilafarbenen Blüten ausbreitet, ist es hier meistens

ruhig. Durch die beschaulichen Dörfer des Luhetales – Grevenhof, Steinbeck und Hützel – radeln Sie gemütlich zurück nach Bispingen.

HEIDEKASTEL ISERHATSCHE Wer nach so viel Natur noch etwas Kultur entdecken will, der kann am Ende der Radrunde noch einen Besuch des Heidekastells Iserhatsche einplanen. Eigentlich ist es eine Anlage, die aus einem kuriosen Märchenschlösschen, einer Jagdvilla, einem Landschaftspark, Garten und Museum besteht. Iserhatsche liegt am bewaldeten Südrand von Bispingen. Tafeln weisen Ihnen den Weg. Eine Besichtigung der Anlage ist nur mit Führung möglich.
Oder freuen Sie sich zum Abschluss der Radtour auf eine regionale Spezialität in einem der Eiscafés oder Restaurants oder in einer der Bäckereien im Ortszentrum und genießen Sie ein Stück klassische Lüneburger Buchweizentorte aus Biskuit, Konfitüre und Sahne – einfach lecker.

INFO

HIGHLIGHT
Naturparadies

TOURENCHARAKTER
Rundtour auf asphaltierten Nebenstraßen und Radwegen sowie auf sandigen Heide- und Waldwegen

AUSGANGS-/ENDPUNKT
Parkplatz beim Rathaus, Borsteler Straße 4–6, Bispingen

GPS-DATEN
53.085194, 9.998611

ANFAHRT
Auto: Auf der A 7 Ausfahrt 43a Schneverdingen und dann auf der Landstraße (Scharrler Weg) weiter
Bus: Heide-Shuttle

KOMBINIERBAR MIT
Touren 6 und 10

E-BIKE-LADESTATION
Bispingen: bei den Vermietern

RADVERLEIH
Bispingen: Fahr-RAD-dies!, Heidehotel Rieckmann, Kirchweg 1, www.hotel-rieckmann.de/service/fahrradverleih-lueneburger-heide; KTM Zweiradsport Meine, Borsteler Straße 13,

Mittel | 29 km | 318 Hm | 2.30 Std.

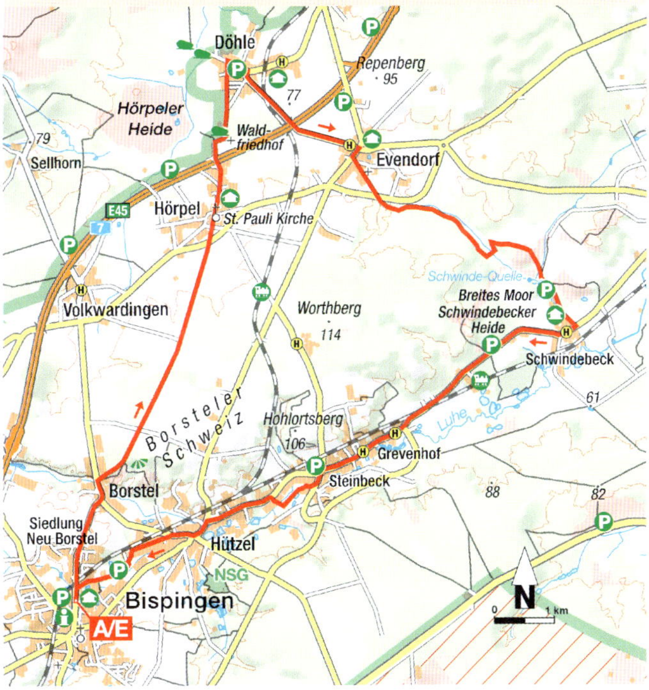

www.meine-fahrräder.de
Döhle: Evelos, Hinter den Eichen 9, www.evelos.net

INFORMATION
www.bispingen.de

Romantisches Luhetal

10

OBERES LUHETAL

Bispingen – Hützel – Steinbeck – Amelinghausen – Wohlenbüttel – Soderstorf

Diese Radrunde durch das Obere Luhetal folgt teilweise dem rund 60 Kilometer langen Luhe-Radweg, erkennbar an einem blauen L mit stilisiertem Rad. Auf Ihrem Weg begegnen Sie reizvollen Auen, ausgedehnten Wäldern, traditionsreichen Orten, Kulinarischem und Kulturellem.

STILLES TAL Die Luhe entspringt südwestlich von Bispingen nahe Timmerloh und bahnt sich ihren Weg über Bispingen, Amelinghausen und Salzhausen nach Winsen, wo dieser naturnahe Heidebach in die Ilmenau mündet. Die Tour durch das ruhige Obere Luhetal beginnt am Parkplatz beim Rathaus in Bispingen. Sie folgen ab hier den Radzwischentafeln und der Durchfahrtsstraße stadtauswärts bis zu den Bahngleisen. Vor den Gleisen biegen Sie nach rechts zum Bispinger Freibad ab.
Hützel ist das erste Dorf auf der Strecke. Sie fahren durch den Ort bis zur Landstraße, die Sie nach links überqueren und nach ein paar Metern schon wieder nach rechts verlassen. Nachdem Sie die Luhe auf einer Nebenstraße überquert haben, biegen Sie nach links auf einen Waldweg nach Steinbeck ein. Die Radzwischentafeln leiten Sie mal nach links, mal nach rechts und mit leichter Steigung durch eine schöne, stille Landschaft, in der man ab und an einen Blick auf die Luhe und deren Auen werfen kann.

Tipp

LÜNEBURGER-HEIDE-ERFAHRUNG

Ein absolutes Highlight unter den Veranstaltungen von Amelinghausen ist das jährlich stattfindende Heideblütenfest im August. Neun Tage dauert das feuchtfröhliche Fest mit mehr als einem Dutzend unterschiedlichen Veranstaltungen, verstreut über das gesamte Gemeindegebiet. Höhepunkt des Festes ist die Wahl der Heidekönigin auf dem Kronsberg durch eine unabhängige Jury. Die Siegerin erhält von ihrer Vorgängerin Krone und Mantel und repräsentiert dann für ein Jahr die Gemeinde bei regionalen und landesweiten Veranstaltungen (www.heidebluetenfest.com).

STEINZEITLICHES GERICHT Immer in Richtung Soderstorf und Gut Thansen auf einem Waldweg radelnd, passieren Sie eine urgeschichtliche Stätte. Das sehenswerte Steinmal stammt etwa von 2000 v. Chr. und

Rathaus von Amelinghausen

Nekropole Soderstorf

besteht aus drei großen Steinen, um die 13 Findlinge im Kreis angeordnet wurden. Die Anordnung deutet darauf hin, dass es sich bei der Stätte um ein Gericht handelte, wobei die 13 Findlinge ebenso vielen Richtern Platz boten.
Etwa einen Kilometer nach der urgeschichtlichen Stätte geht der Waldweg in eine Asphaltstraße über, auf der Sie geradeaus nach Dehnsen radeln. Sie ignorieren dabei den Radwegweiser, der nach links weist. Nach Dehnsen, das rechts am Ortsrand durchquert wird, geht es an der Landstraße entlang nach Etzen mit dem netten Café im Speicher. Nach Amelinghausen, dem Wendepunkt der Tour, ist es nicht weit mehr.

Tipp

GUTEN APPETIT

Das Café im Speicher im Amelinghausener Ortsteil Etzen befindet sich in einem liebevoll restaurierten Haus aus dem 17. Jahrhundert und serviert selbst gemachte Blechkuchen, Stachelbeer- und Buchweizentorte sowie regionale Spezialitäten für den Mittagstisch.

AMELINGHAUSEN UND LOPAUSEE Amelinghausen lockt Besucher vor allem mit dem Lopausee, der durch einen Staudamm in der Lopau, einem Nebenfluss der Luhe, entstanden ist. Das schöne Natur- und Erholungsgebiet mit Badestrand, Tretbootverleih und Wanderwegen erreichen Sie am besten über die Durchfahrtsstraße zum östlichen Ortsausgang. Zwei gute Einkehrmöglichkeiten am See laden zum Verweilen ein. Die Radroute führt in Amelinghausen nicht direkt zum See, sondern verläuft auf der Durchfahrtsstraße durchs Zentrum an der bemerkenswerten Kirche und dem alten Rathaus entlang und führt nach den Bahngleisen gleich links stadtauswärtig Richtung Sottorf. Nach der Backsteinkirche lenken Sie links nach Wohlenbüttel. Sie überqueren die Gleise, werden von den Radtafeln nach rechts geleitet, unterqueren die Gleise und radeln dann an Fischteichen vorbei zum Wohlenbütteler Mühlenhof. Bei der reizvollen Wassermühle haben Sie einen schönen Blick auf die Luhe.

DURCH DIE DÖRFER DES LUHETALES
Nächster Ort auf dem Rückweg ist Soderstorf, an dessen Ortsrand sich die gleichnamige Nekropole befindet. Über 900 Gräber aus der Bronzezeit und ein Urnenfriedhof aus der Eisenzeit wurden hier entdeckt, worüber eine Schautafel vor Ort und das archäologische Museum in Oldendorf (Route 15) informieren.

In Soderstorf passieren Sie hübsche Bauernhöfe und die Café-Bäckerei Karsten zum Einkehren, wo es links Richtung Bispingen geht. Nun immer den Radwegweisern geradeaus folgend, erreichen Sie zuerst Schwindebeck. Im Dorf führt eine Straße rechts am Gartencafé Frau Harms vorbei zur Schwindequelle (siehe Route 9). Das interessante kleine Naturschutzgebiet liegt nur einen Kilometer vom Dorf entfernt und ist einen Abstecher wert.

Von Schwindebeck geht es geradeaus weiter und Sie passieren die ruhige Schwindebecker Heide mit nettem Rastplatz und dann die beschaulichen Dörfer Grevenhof, Steinbeck und Hützel, die fast nahtlos ineinander übergehen. Der Ausgangspunkt in Bispingen ist dann bald wieder erreicht.

INFO

Mittel | 38 km | 273 Hm | 3.00 Std.

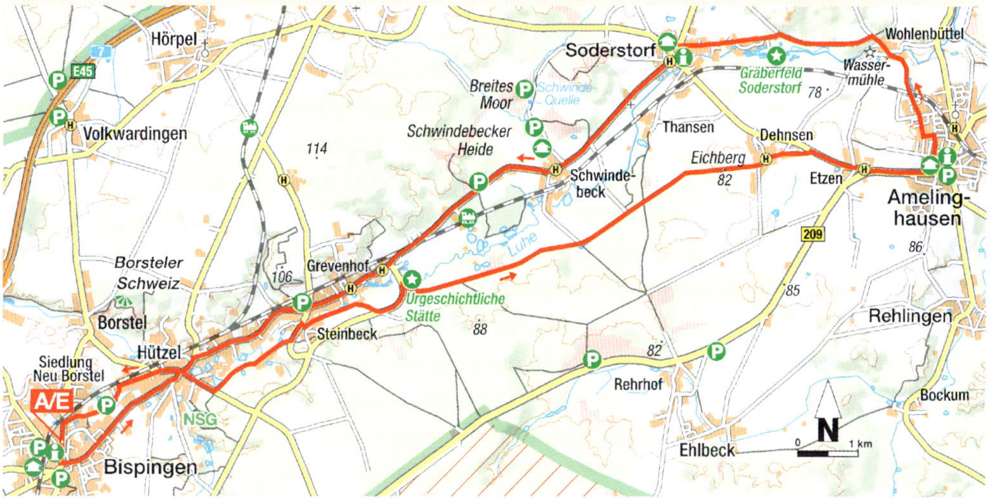

HIGHLIGHT
Sehenswürdigkeit

TOURENCHARAKTER
Rundtour auf asphaltierten Nebenstraßen und Radwegen sowie befestigten Kies- und Waldwegen

AUSGANGS-/ENDPUNKT
Parkplatz beim Rathaus, Borsteler Straße 4–6, Bispingen

GPS-DATEN
53.085194, 9.998611

ANFAHRT
Auto: Auf der A 7 Ausfahrt 43a Schneverdingen und dann auf der Landstraße (Scharrler Weg) weiter
Bus: Heide-Shuttle

KOMBINIERBAR MIT
Touren 6 und 9

E-BIKE-LADESTATION
Bei den Vermietern

RADVERLEIH
Bispingen: Fahr-RAD-dies!, Heidehotel Rieckmann, Kirchweg 1, www.hotel-rieckmann.de/service/fahrradverleih-lueneburger-heide; KTM Zweiradsport Meine, Borsteler Straße 13, www.meine-fahrräder.de
Amelinghausen: Radverleih Pallme, Lüneburger Straße 26a, www.erlebniscard-lueneburger-heide.de/poi/fahrradverleih-pallme

INFORMATION
www.bispingen.de; www.amelinghausen.de

TIMMERLOHER HEIDE

Soltau – Wolterdingen – Timmerloh – Bispingen – Behringen – Hillern

Ein idyllischer Heideweiher, das schattenreiche Böhmetal, die kleine, aber feine Timmerloher Heide, das hübsche Bispingen und der Brunausee mit Badebucht und Sandstrand liegen an der Strecke dieser abwechslungsreichen Radrunde durch den Süden des Naturparks Lüneburger Heide.

11

Schnuckenherde in der Timmerloher Heide

REIZVOLLES LANDSCHAFTSGEBIET Ein guter und praktischer Ausgangspunkt für mehrere Radtouren in der Region ist das Heidestädtchen Soltau mit der Therme, wo am Parkplatz diese Route beginnt. Sie radeln zur Durchfahrtsstraße und folgen ihr nach rechts. Am Ortsrand geht es links am Campingplatz Röders Park entlang zur Siedlung Ebsmoor. Ab hier folgen Sie den Radzwischentafeln nach rechts auf einen Waldweg. Nach einigen Pedaltritten bietet sich links ein Abstecher zum Ahlftener Flatt an. Der idyllische, im Wald verborgene Heideweiher lädt auf eine erste Pause ein.
Zurück am Radweg erreichen Sie eine Kreuzung und die Tour verläuft rechts weiter auf einem Wirtschaftsweg nach Wolterdingen. Sie durchqueren den Ort mit schönen Fachwerkhäusern geradeaus, vorbei an der bemerkenswerten Dorfkirche mit ihrem charakteristischen, frei stehenden Glockenturm. Eine von Landwirtschaft geprägte Radstrecke führt hinter Wolterdingen an der Nebenstraße entlang und dann auf einem Wirtschaftsweg nach Surbostel, wobei Sie die Gleise überqueren. Weiter geht es durch das schöne Böhmetal Richtung Heber, bis der Radwegweiser Timmerloher Heide Sie nach rechts weist. Sie überqueren die Böhme, dann die Landstraße und folgen dem stillen Wirtschaftsweg immer geradeaus bis zur T-Kreuzung. Hier geht es links auf einer ehemaligen Militärstraße nach Timmerloh, vorbei an den ersten Heideflächen.

TIMMERLOHER HEIDE UND ALLEE Im Südzipfel des Naturschutzgebietes Lüneburger Heide liegt die Timmerloher Heide, eine schöne, leicht gewölbte Heidefläche von bescheidenem Umfang, dafür aber still und wenig besucht. Ab dem Wanderparkplatz geht es geradeaus auf einem etwas herausfordernden, naturbelassenen Weg durch die Heide. Mit etwas Glück begegnen Sie einem Schäfer und seinen Heidschnucken. Sie verlassen die Heide anschließend durch ein Waldstück, radeln rechts an einem schönen Gutshof in Timmerloh

Alte Lindenallee in Timmerloh

Tipp

LÜNEBURGER-HEIDE-ERFAHRUNG

Der Brunausee mit kleiner Badebucht und feinem Sandstrand sowie dem Restaurant Seeterrasse ist ein idealer Ort für einen Pause, liegt er zudem auch noch auf halber Strecke der Tour. Das beliebte Freizeitgelände ist kostenlos zugänglich und es gibt auch einen Tretbootverleih. Am ersten Wochenende im August jeden Jahres wird der See zum Festgelände mit dem Behringer Seefest. Leuchtende Wasserspiele, ein Feuerwerk und noch vieles mehr stehen auf dem zweitägigen Fest, das bis weit über die Regionsgrenzen hinaus bekannt und sicher einen Besuch wert ist.

↑ Fachwerkhof im Böhmetal
↗ Rauchkate Steinkenhöfen
→ Brunausee

entlang und direkt auf die alte Lindenallee zu. Einfach bezaubernd, wie die Reihen knorriger alter Lindenbäume einen natürlichen Tunnel bilden. Sie ignorieren die Radwegweiser, radeln durch die Allee bis zum Radweg an der Landstraße und biegen nach links Richtung Bispingen ab. Immer geradeaus radelnd erreichen Sie Bispingen durch Schatten spendende Waldstücke und mit schönen Ausblicken auf sanft gewölbtes Agrarland.

ZUM BRUNAUSEE Das charmante Bispingen durchqueren Sie auf der Hauptstraße, vorbei an der Kirche, Restaurants und Geschäften. Dann folgen Sie der Linkskurve durch die Bahnhofstraße stadtauswärts und biegen nach den Gleisen links Richtung Behringen ab. Sie verlassen Bispingen auf einer idyllischen Strecke zwischen hübschen Fachwerkhöfen in Steinkenhöfen und kommen vor der Rechtskurve automatisch an der historischen Rauchkate vorbei. Auf einer alten Eichenallee und unter der Autobahn hindurch führt die Route rechts nach Behringen. Am Ortsbeginn geht es rechts zum Brunausee.

ZURÜCK NACH SOLTAU Nach dem Stopp am See radeln Sie kurz Richtung Zentrum und folgen der Radzwischentafel nach links

Tipp

GUTEN APPETIT

Im Bispinger Restaurant Tafelhuus stehen geschmorter Heidschnuckenbraten, Schnitzel vom Landschwein oder Black-Angus-Steak ebenso auf der Menükarte wie vegetarische Taglierini und veganes Thai-Curry – richtig lecker!

Richtung Schneverdingen. Behringen streifen Sie am Rande und stoßen auf die Landstraße, der Sie links bis zum Kreisverkehr folgen. Hier nehmen Sie links den Radweg Richtung Bispingen und biegen kurz danach rechts auf eine ruhige Nebenstraße Richtung Deimern ein. Die herrliche Route führt durch Wald, und zwischen den Bäumen ist wieder die Timmerloher Heide sichtbar. Am Wanderparkplatz radeln Sie rechts nach Hillern auf Wald- und Wirtschaftswegen durch Wald, Äcker und Heide. Ab Hillern folgen Sie links der Landstraße, die Sie nach dem Rosenhof nach rechts (kein Wegweiser!) Richtung Luisenhof verlassen. Über die Böhme und die Gleise radeln Sie wieder nach Wolterdingen, dann geht es auf dem gleichen Weg nach Soltau zurück.

INFO

HIGHLIGHT
Naturparadies

TOURENCHARAKTER
Rundtour auf asphaltierten Nebenstraßen, Wirtschafts- und Radwegen sowie sandigen Heide- und Waldwegen

AUSGANGS-/ENDPUNKT
Parkplatz an der Therme, Scheibenstraße 11, Soltau

GPS-DATEN
52.990361, 9.838639

ANFAHRT
Auto: Auf der A 7 Ausfahrt 44 Soltau-Ost und dann auf der B 71 weiter
Bahn: Regionalbahn (RB) ab/bis Bremen, Hannover und Buchholz in der Nordheide
Bus: Heide-Shuttle

KOMBINIERBAR MIT
Touren 8, 12, 18, 20 und 22

E-BIKE-LADESTATION
Soltau: am Bahnhof und am Georges-Lemoine-Platz

Schwer | 58 km | 254 Hm | 4.00 Std.

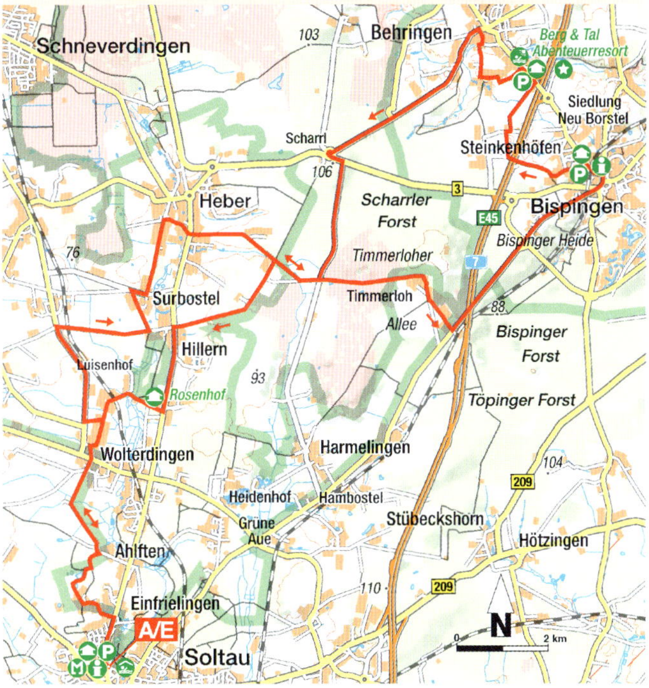

RADVERLEIH
Soltau: Fahrradverleih Wettig, Visselhöveder Straße 6, Facebook: FahrradverleihWettig; Camping Auf dem Simpel, Auf dem Simpel 1, www.auf-dem-simpel.de

Bispingen: Fahr-RAD-dies!, Heidehotel Rieckmann, Kirchweg 1, www.hotel-rieckmann.de/service/fahrradverleih-lueneburger-heide;

KTM Zweiradsport Meine, Borsteler Straße 13, www.meine-fahrräder.de

INFORMATION
www.soltau-touristik.de; www.bispingen.de

Radeln auf einer ruhigen Landstraße

12

SCHNUCKENDÖRFER UND HEIDESTÄDTE

Soltau – Neuenkirchen – Schneverdingen – Heber – Reimerdingen – Ellingen

Radeln Sie durch das Dreieck Soltau–Neuenkirchen–Schneverdingen und entdecken Sie dabei die Vielfalt und den Reiz dieses ländlichen Gebietes, geprägt von stillen Waldstücken und Agrarlandschaften, von traditionellen Schafställen und Heidehöfen sowie liebenswerten Heideorten, die zum Verweilen einladen.

ERHOLUNGSORT SOLTAU Soltau ist ein quicklebendiges Kleinstädtchen an der Böhme mit überschaubarem, hübschem Zentrum und berühmt für die Solequelle, die zum Bau einer Therme geführt hat. Als offizieller Kurort darf Soltau sich noch nicht bezeichnen, aber das Prädikat »Erholungsort mit Solekurbetrieb« reicht derzeit auch. Neben der Therme kann die Kleinstadt auch mit anderen Highlights punkten. Das Spielmuseum zum Beispiel zeigt Spielzeug aus unterschiedlichen Materialien und aus vier Jahrhunderten. Im Salzmuseum wird die Gewinnung des weißen Goldes in der Lüneburger Heide dokumentiert, und in der Felto Filzwelt dreht sich alles um dieses Textil. Ruhe und Frischluft gibt es im Kurpark Böhme bei der Therme sowie in dem am südlichen Stadtrand liegenden Breidings Garten. Dieser Landschaftspark im englischen Gartenstil wurde 1850 vom Soltauer Industriellen August Röders in einer Au des Heideflusses Böhme angelegt und ist eine Oase der Ruhe. Publikumsmagneten in der direkten Umgebung sind der Heidepark und das Designer-Outlet für Shoppingfans.

AUF NACH NEUENKIRCHEN Vom Parkplatz bei der Soltauer Therme radeln Sie zur Durchfahrtsstraße, der Sie nach links ins Ortszentrum folgen. An der Kreuzung im Ortskern stoßen Sie auf das Spielmuseum, das alte Rathaus und die Touristeninformation. Kurz danach befindet sich ein kleines Einkaufszentrum, hinter dem sich der historische Kern erstreckt. Sie biegen beim Einkaufszentrum nach rechts ab, radeln geradewegs auf die Kirche zu und folgen dabei dem Radwegweiser Neuenkirchen. Die Radzwischentafeln und Wegweiser leiten Sie nun aus Soltau hinaus und danach durch ein waldreiches Gebiet. Sie überqueren den

Schröers-Hof in Neuenkirchen

Tipp

LÜNEBURGER-HEIDE-ERFAHRUNG

Ab Mitte Mai können Sie im Dünen-Schäferhof in Neuenkirchen fast täglich am späten Nachmittag den Eintrieb der Heidschnucken erleben. Mit den für die Lüneburger Heide typischen Schafen wird unter anderem ökologischer Natur- und Landschaftsschutz betrieben. Die Hofanlage ist aber auch ein architektonisches Schmuckstück mit Gebäuden in traditioneller Bauweise und besteht unter anderem aus einem Wohnhaus, einer großen Scheune, einem kleinen und großen Schafstall und einem Treppenspeicher, der als Trauzimmer genutzt wird.

Heidebach Soltau und wenden sich an der anschließenden Gabelung nach rechts. Die Strecke nach Neuenkirchen folgt der Leine-Heide-Radroute auf naturbelassenen Wegen durch stilles Naturgebiet und die Bauerschaften Wiedingen und Falshorn. Sehenswert unterwegs und ein Ort zum Verweilen ist der künstlich angelegte Steingarten von Friedrich Tödter etwa einen Kilometer vor Neuenkirchen. Am Ortsrand von Neuenkirchen treffen Sie auf den Dünen-Schäferhof in einer alten Kulturlandschaft.

SCHNUCKENDORF NEUENKIRCHEN

Vom Schäferhof ist es nicht mehr weit ins Zentrum von Neuenkirchen. Sie überqueren im Ort die Bundesstraße, halten sich links

↓ Durch Wald und Wiesen
→ Statue der Heidekönigin
↘ Ostseeflair in Schneverdingen

Beschaulicher Rastplatz am Heideweiher Ahlftener Flatt

und fahren im Zentrum an der Ampel erneut nach links. Vor der Kirche geht es rechts weiter. Sie radeln dann in einem Bogen nach links am historischen Springhornhof entlang, der von einem Kunstverein genutzt wird, und stoßen auf einen kulturellen Höhepunkt: den Schröers-Hof. Die malerische Anlage umfasst mehrere Fachwerkgebäude und einen Bauerngarten. Sie halten sich hier rechts, passieren den Dorfteich mit herrlichem Rastplatz und Kneipp-Fußbad und radeln auf einem Kiesweg erneut bis zur Bundesstraße, die Sie geradeaus nach Schneverdingen überqueren.
Auf einem Radweg neben der Landstraße erreichen Sie Sprengel. Am Ortsanfang folgen Sie den Radwegweisern links Richtung Schwalingen und dann gleich rechts Richtung Lünzen. Die Radroute führt Sie links an der strahlend weißen Galerie-Holländer-Windmühle von 1877 vorbei. An der Kreuzung danach folgen Sie der Nebenstraße nach rechts durch Felder und Wiesen über Schülernbrockhof und Voigten nach Schneverdingen.

HEIDESTÄDTCHEN SCHNEVERDINGEN

In Schneverdingen passieren Sie den Stadtpark und radeln an der Kirche vorbei zum Zentrum, wo Sie von der bronzenen Statue der Heidekönigin begrüßt werden. Das rund 800 Jahre alte Städtchen an der Heidebahn zwischen Buchholz und Soltau hat einige interessante Sehenswürdigkeiten zu bieten. Sie liegen am Stadtrand, sind aber leicht durch die Ausschilderung zu finden, wie der Heidegarten und der alte Schafstall (siehe Route 1) und der Theeshof (siehe Route 3). Schneverdingen ist aber auch berühmt für sein farbenprächtiges Heideblütenfest. Höhepunkt

Tipp

GUTEN APPETIT

An Einkehrmöglichkeiten mangelt es unterwegs nicht: In Neuenkirchen gibt es das Eiscafé Venezia bei der Kirche, in Schneverdingen das Café & Bistro Frau Rehfeld, beim Pietzmoor das Restaurant im Hotel Schäferhof und in Ellingen der Eggershof. Öffnungszeiten beachten!

des mehrtägigen Festes im August jeden Jahres ist die Krönung der Heidekönigin.
Sie schwenken bei der Statue der Heidekönigin das Rad nach rechts, folgen nun den Wegweisern Heber. Kaum haben Sie Schneverdingen an der Landstraße entlang hinter sich gelassen, sind Sie mitten in der Heidelandschaft der Osterheide (siehe Route 4), Teil des autofreien Naturschutzgebietes Lüneburger Heide. Rechts vom Radweg, hinter den Heideflächen, erstreckt sich ein weiteres Highlight: das Pietzmoor (siehe Tour 8).

ZURÜCK ZUM AUSGANGSPUNKT In Heber angelangt, biegen Sie in der Linkskurve nach rechts und dann sofort nach links Richtung Soltau ab. Die nächste Etappe führt durch das schattige Tal der Böhme und durch Felder, Wiesen und Waldstücke auf schönen Wirtschaftswegen. An der T-Kreuzung in Surbostel halten Sie sich rechts Richtung Hillern und folgen dem Wegweiser Reimerdingen. Hier treffen Sie an der Kreuzung auf einen schönen Fachwerkhof und biegen links auf die Nebenstraße Richtung Soltau ein, die Sie wieder nach wenigen Pedaltritten nach rechts verlassen. Die Radzwischentafeln leiten Sie nun durch eine ländliche Gegend nach Ellingen,

Im Zentrum von Soltau

wobei Sie die Landstraße rechts-links queren. In Ellingen treffen Sie mit dem romantischen Eggershof auf eine gute und einladende Einkehrmöglichkeit.
An der Kreuzung beim Hof haben Sie zwei Optionen für die letzten Kilometer nach Soltau: Nach links geht es vorbei am Schwedenstein, der einst die Grenze zwischen Deutschland und Schweden anzeigte, und auf einem Waldweg am Naturdenkmal Alte Eiche entlang Richtung Ahlftener Flatt. Geradeaus erreichen Sie die Bundesstraße, der Sie kurz nach links folgen. Danach geht es links durch den Wald auch Richtung Ahlften. Beide Varianten führen am Heidesee Ahlftener Flatt entlang und über Ebsmoor an der Bundesstraße entlang nach Soltau zurück.

INFO

HIGHLIGHT
Sehenswürdigkeit

TOURENCHARAKTER
Rundtour auf asphaltierten Nebenstraßen, Wirtschafts- und Radwegen

AUSGANGS-/ENDPUNKT
Parkplatz an der Therme, Scheibenstraße 11, Soltau

GPS-DATEN
52.990361, 9.838639

ANFAHRT
Auto: Auf der A 7 Ausfahrt 44 Soltau-Ost und dann auf der B 71
Bahn: Regionalbahn (RB) ab/bis Bremen, Hannover und Buchholz in der Nordheide
Bus: Heide-Shuttle

KOMBINIERBAR MIT
Touren 8, 11, 18, 20 und 22

E-BIKE-LADESTATION
Soltau: am Bahnhof, am Georges-Lemoine-Platz, ein paar Schritte südlich der Touristeninformation
Schneverdingen: Heldjers Wohl, Osterwaldweg 8

RADVERLEIH
Soltau: Fahrradverleih Wettig, Visselhöveder Straße 6, Facebook: FahrradverleihWettig; Camping Auf dem Simpel, Auf dem Simpel 1, www.auf-dem-simpel.de
Schneverdingen: Bienes Fahrradverleih, Heinrich-Loose-Straße 5; Pedalo, Schulstraße 10, www.pedalo-fahrraeder.de

Mittel | 47 km | 216 Hm | 3.30 Std.

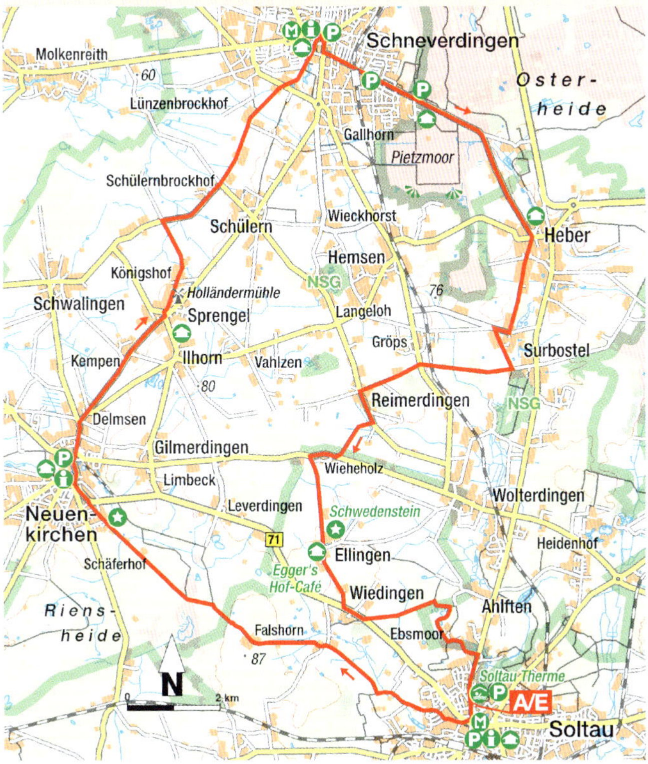

INFORMATION
www.soltau-touristik.de; www.schneverdingen.de; www.dasneuenkirchen.de

SEEVETAL UND BÜSENBACHTAL

Handeloh – Wörme – Jesteburg – Holm – Inzmühlen

Eine gemütliche Radtour durch zwei landschaftlich reizvolle Heidebachtäler, ein bezauberndes Kleinstädtchen mit Fachwerk vom Feinsten am Wendepunkt der Tour, Kultur und Kulinarisches in einem alten Schafstall und expressive Kunst auf dem Rückweg. Diese Radrunde hat alle Bestandteile für eine abwechslungsreiche Tour.

13

Seevetal bei Lüllau

BELIEBTES AUSFLUGSZIEL Vom Parkplatz beim Handeloher Bahnhof folgen Sie der Durchfahrtsstraße nach links zum Dorfkern. An der Ampel halten Sie sich rechts und radeln durch die Alte Dorfstraße bis zur T-Kreuzung. Hier geht es rechts weiter auf der Landstraße zum Wanderparkplatz in Wörme. Beim Wanderparkplatz öffnet sich links das Naturschutzgebiet Büsenbachtal.

Das Tal ist ein beliebtes Ausflugsziel. Erholungsuchende zieht die traumhaft schöne, abwechslungsreiche Heidelandschaft an mit dem ruhigen Büsenbach, neu gestalteten Feenteichen, schattigen Waldstücken und der Aussichtsplattform auf dem Pferdekopf. Ein wunderschön zum Café-Restaurant umgebauter, alter Schafstall zum Einkehren am Beginn der Rad- und Wanderwege setzt das Pünktchen auf das i. Ein Abstecher auf dem befestigten Kiesweg durch das malerische Büsenbachtal lohnt sich, bevor Sie an der Kreuzung beim Wanderparkplatz nach rechts weiterradeln Richtung Jesteburg.

HEIDEORT JESTEBURG Die Etappe nach Jesteburg führt über Thelstorf und Lüllau in unmittelbarer Nähe der Seeve, eines naturbelassenen Heidebaches, der im Herzen der Lüneburger Heide entspringt. Die ersten Kilometer des Radweges verlaufen auf einer Nebenstraße durch ein waldreiches Gebiet. Nach Thelstorf stoßen Sie auf den Seeve-Radweg, erkennbar an seinem Logo: einem blauen S. Sie folgen dem Seeve-Radweg bis nach Jesteburg, teils entlang der Straße. Jesteburg entstand im Mittelalter als Zollstation an der Seeve und hat seinen sehenswerten alten Ortskern erhalten. Sie radeln im Ort geradeaus auf der Hauptstraße weiter zum historischen Zentrum, das sich links in etwas erhöhter Lage unter alten, schattigen Bäumen befindet. Hier treffen Sie auf das Rathaus, das Heimathaus mit Trauzimmer,

Sonnige und schattige Passagen wechseln sich im Seevetal ab.

Tipp

LÜNEBURGER-HEIDE-ERFAHRUNG

Die Seeve ist ein typischer Heidebach. Sie entspringt im Naturschutzgebiet Lüneburger Heide nahe Wehlen und bahnt sich ihren rund 42 Kilometer langen Weg durch die Heideregion bis zu ihrer Mündung in die Elbe. Auf den Weg dorthin schlängelt sie sich gemütlich durch beschauliche Dörfer, treibt Wassermühlen an, und in den Uferauen lebt der farbenprächtige Eisvogel. Im Wasser tummeln sich unter anderem Bachforellen, die klares, sauerstoffreiches und kaltes Wasser lieben. Und man mag es kaum glauben, aber die Seeve gilt mit durchschnittlich 6 bis 8 °C Wassertemperatur als kältester Fluss Norddeutschlands!

↑ Unterwegs im Büsenbachtal
↗ Café und Eventscheune im Büsenbachtal
→ Holmer Wassermühle

das Standesamt und die Zehntscheune mit Bücherei, allesamt in bestens renovierten, reetgedeckten Fachwerkhäusern untergebracht. Gegenüber dem Fachwerkensemble, auf der anderen Straßenseite hinter den Häusern, erblicken Sie die Sankt-Martins-Kirche, eine typische Heidekirche mit separatem Glockenturm.

Tipp

GUTEN APPETIT

Der liebevoll renovierte Schafstall in Wörme ist eine Mischung aus Restaurant, Café und Veranstaltungsort mit regelmäßigen Gartenkonzerten und Ausstellungen. Wo einst Heidschnucken untergebracht waren, werden heute internationale und regionale Gerichte sowie hausgemachte Kuchen serviert.

WELT DER KUNST Vom Zentrum in Jesteburg radeln Sie ein Stück auf der Hauptstraße retour. Kurz nach der Pizzeria Dolce Vita folgen Sie an der Kreuzung nach links dem Wegweiser Holm. Sie überqueren die Seeve mit Aussicht auf den Bach und biegen kurz danach scharf rechts auf den Seevekamp ein. Der ruhigen Straße nun immer folgend, mehr oder weniger im Uferbereich der Seeve, radeln Sie durch ein waldreiches und beliebtes Wohngebiet.
In Wiedenhof bietet sich links ein Abstecher hinauf zur Kunststätte Bossard an, ein expressionistisches, märchenhaftes Museum. Das Künstlerehepaar Bossard hat auf einem rund drei Hektar großen Gelände zwischen 1911 und 1950 Architektur, Bildhauerei, Gar-

tenkunst und Malerei zu einem Gesamtkunstwerk verschmelzen lassen. Seit 1997 ist das im Originalzustand erhaltene Gesamtkunstwerk als Museum öffentlich zugänglich.

WASSER UND HEIDE Nach diesem interessanten Abstecher in die Welt der Kunst geht es auf der stillen Nebenstraße, auf der auch eine Etappe des Seeve-Radweges verläuft, durch das Bachtal weiter Richtung Holm. Nach Wiedenhof kommt die Route ganz nah an die Seeve heran und das Tal zeigt sich von seiner idyllischen Seite. Sie folgen dem Seeve-Radweg über Weihe, Holm und durch die weite Inzmühlener Heide nach Inzmühlen. Am Ende der Straße in Inzmühlen verabschieden Sie sich vom Seeve-Radweg und es geht rechts nach Handeloh zurück. Bevor Sie auf den letzten Kilometern zum Ausgangspunkt erneut die Seeve überqueren, können Sie im Cassenshof mit Hofladen und Kaffeegarten bei hausgemachten Kuchen und regionalen Produkten den Tag ausklingen lassen.

INFO

HIGHLIGHT
Sehenswürdigkeit

TOURENCHARAKTER
Rundtour auf asphaltierten Nebenstraßen und Radwegen; kleiner Abschnitt ungeteert

AUSGANGS-/ENDPUNKT
Parkplatz beim Bahnhof, Bahnhofstraße 1, Handeloh

GPS-DATEN
53.242111, 9.844306

ANFAHRT
Auto: Auf der B 3 und in Welle auf der Handeloher Straße weiter
Bahn: Regionalbahn (RB) ab/bis Buchholz und Hannover

KOMBINIERBAR MIT
Touren 4 ab Inzmühlen, 3 und 7 ab Wesel

E-BIKE-LADESTATION
Beim Vermieter

RADVERLEIH
Jesteburg: Autohaus Kuhn & Witte, Allerbeeksring 2–12, autohaus.kuhn-witte.de/abo-miete/ebike-vermietung

INFORMATION
www.handeloh.de; www.jesteburg.de

Leicht | 28 km | 144 Hm | 2.00 Std.

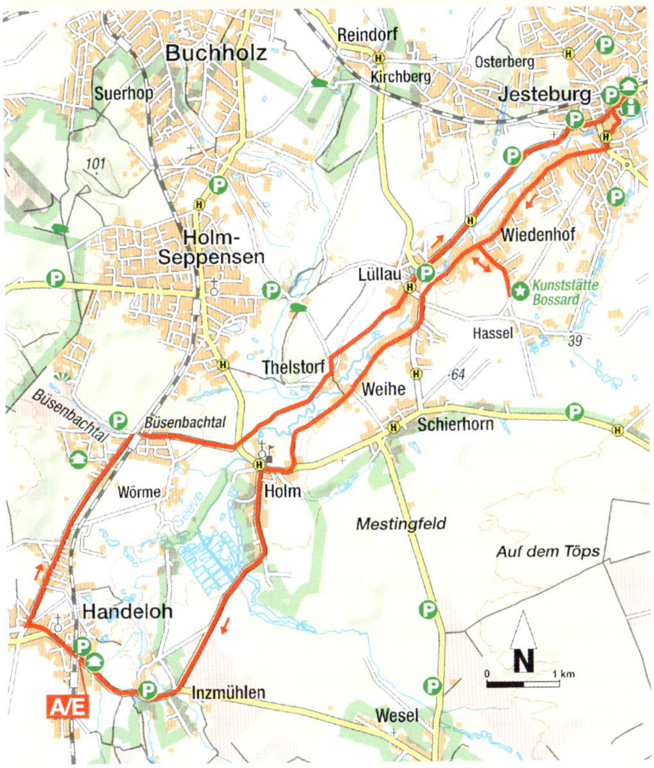

Freizeitgebiet Lopausee

14

STILLES HÜGELLAND

Lopausee – Wohlenbüttel – Soderstorf – Eyendorf – Putensen – Oldendorf

Im Auf und Ab mit schönen Weitblicken durch die leicht hügelige und stille Landschaft im Osten des Naturparks Lüneburger Heide. Dörfer mit alten Gehöften, historischen Mühlen und archäologischen Stätten am Wegesrand runden die Tour ab. Und zum Verweilen und Baden lädt der Lopausee ein.

SEHENSWERTES AM WEGESRAND Diese Runde verbindet Anspannung beim Radeln mit Entspannung am Lopausee in Amelinghausen, einem schönen Natur- und Erholungsgebiet mit Liegewiesen, Badesteg und Einkehrmöglichkeiten. Ein Ort zum Verweilen am Ende der Tour oder zum Umrunden auf einem etwa zwei Kilometer langen Rundweg. Zunächst treten Sie in die Pedale und radeln an der Durchfahrtsstraße entlang in Richtung Ortszentrum von Amelinghausen. Sie biegen vor den Gleisen an der Ampel rechts nach Sottorf ab und halten sich nach der backsteinernen Kirche links Richtung Wohlenbüttel. Den Zwischenradtafeln folgend, überqueren Sie die Gleise und gelangen an den Fischteichen entlang zur ersten Sehenswürdigkeit an der Route: der in Privatbesitz befindlichen Wassermühle Wohlenbüttel in schöner Lage am Heidefluss Luhe. Sie folgen dem schattigen Luhetal nach Soderstorf. Das Einzugsgebiet der Luhe ist seit jeher dicht besiedelt, wovon unter anderem die Oldendorfer Totenstatt am Ende der Route zeugt, aber auch die nächste Sehenswürdigkeit der Tour: die Nekropole Soderstorf direkt an der Route.

Tipp

LÜNEBURGER-HEIDE-ERFAHRUNG

In der Nekropole Soderstorf wurden rund 900 Gräber aus der Bronzezeit, etwa 3300 bis 1200 v. Chr., und ein Urnenfriedhof aus der Eisenzeit, etwa 1200 bis 550 v. Chr., entdeckt, worüber eine Schautafel vor Ort und das archäologische Museum in Oldendorf (Route 15) informieren. Die kleine Heidefläche direkt am Wegesrand ist mit zahlreichen Steinkreisen gespickt und ein imposantes, begehbares Großsteingrab lohnt bestimmt einen kurzen Stopp. Die Anlage ist rund um die Uhr frei zugänglich.

Am Ortsrand von Soderstorf

↑ Leichte Steigung bei Wetzen
↗ Oldendorfer Totenstatt

IM AUF UND AB Sie erreichen kurz nach der Nekropole das Dorf Soderstorf, passieren hübsche Gehöfte und stoßen auf die Café-Bäckerei Karsten zum Einkehren. Ab hier folgen Sie dem Radwegweiser Eyendorf nach rechts. Mit einer ordentlichen Steigung und schönen Ausblicken radeln Sie auf dem separaten Radweg durch Rolfsen nach Raven. Den beschaulichen Ort mit schönen Fachwerkhöfen durchqueren Sie geradeaus vorbei an Kamelota's Kaffeehaus. Eine schöne Allee durch herrliche Landschaft führt Sie weiter nach Eyendorf. Ein Abstecher führt am Nordrand des Dorfes zur sehenswerten Eyendorfer Mühle, einer Holländerwindmühle von 1897. Der Unterschied zur Deutschen Bockwindmühle besteht darin, dass bei der holländischen Mühle nur die Haube in den Wind gedreht werden kann, bei der deutschen Mühle das gesamte Haus. Die Mühle ist heute ein Museum und eine Außenstelle des Standesamtes Salzhausen.
Die Radroute durchquert Eyendorf aber nur am Rande. Sie führt kurz nach der Ortseinfahrt nach rechts am Wasserwerk vorbei und auf einer Nebenstraße im leichten Auf und Ab durch weites Agrarland nach Putensen. An der Kreuzung in Putensen halten Sie sich nach links und dann folgen Sie dem Radwegweiser rechts nach Oldendorf an der Luhe.

Tipp

GUTEN APPETIT

Landgasthaus Tödter in Oldendorf ist ein Begriff unter den Restaurants in der Region. Für die Fleisch-, Fisch- und vegetarischen Gerichte werden viele Zutaten von regionalen Betrieben verwendet. Öffnungszeiten beachten!

LUHE-RADWEG Die nächste Etappe folgt dem Luhe-Radweg. Sein einfaches Logo ist ein blaues L auf weißem Untergrund. Gleich nach Putensen überqueren Sie den naturbelassenen Fluss und von der Brücke bietet sich ein schöner Blick auf das Gewässer, das deutlich zu einem der besten Flüsse für ausgedehnte Kanutouren zählt. Sie radeln geradeaus und schwenken im Wald rechts auf eine Nebenstraße nach Wetzen. Die Strecke leitet über den Butterberg durch eine abwechslungsreiche Landschaft aus Feldern und Waldstücken mit immer wieder schönen Ausblicken auf die sanft gewellte Landschaft. Wetzen durchqueren Sie geradeaus und folgen den Radtafeln durch das Luhetal und durch Kulturlandschaft zu einem besonderen Höhepunkt: der Oldendorfer Totenstatt.

Ein netter Rastplatz bei der archäologischen Stätte bietet sich an, um das Rad einmal abzustellen und zu Fuß das reizvolle Heidegebiet mit den offengelegten Großsteingräbern zu besichtigen. Die Gräber stammen aus der späteren Jungsteinzeit und der Bronzezeit und sind frei zugänglich. Mit einem Alter von weit über 5000 Jahren zählt das Bestattungsfeld zu den bedeutendsten archäologischen Fundstätten in Norddeutschland. Wer mehr darüber erfahren möchte, der sollte das nahe gelegene archäologische Museum in Oldendorf besuchen. Ansonsten folgen Sie dem Waldweg, radeln an einem idyllischen Seerosenteich entlang zur Kronsberger Heide und zurück zum Lopausee.

INFO

HIGHLIGHT
Sehenswürdigkeit

TOURENCHARAKTER
Rundtour auf asphaltierten Nebenstraßen und Radwegen sowie befestigten Kieswegen

AUSGANGS-/ENDPUNKT
Parkplatz beim Lopausee, Auf der Kalten Hude, Amelinghausen

GPS-DATEN
53.133389, 10.234861

ANFAHRT
Auto: Auf der B 209, die direkt am Parkplatz beim Lopausee vorbeiführt

Bus: Heide-Shuttle

KOMBINIERBAR MIT
Touren 10 und 15

E-BIKE-LADESTATION
Beim Vermieter

RADVERLEIH
Amelinghausen: Radverleih Pallme, Lüneburger Straße 26a, www.erlebniscard-lueneburger-heide.de/poi/fahrradverleih-pallme

INFORMATION
www.amelinghausen.de

Mittel | 39 km | 411 Hm | 3.30 Std.

NATUR UND GESCHICHTE

Amelinghausen – Oldendorf – Putensen – Salzhausen – Oldendorf – Wohlenbüttel

Auenlandschaften beidseitig der Luhe, kleine Heideflächen, sanfte Hügel, die über 5000 Jahre alte Geschichte in der Oldendorfer Totenstatt und das geschichtsträchtige Salzhausen machen diese Radrunde zu einem Erlebnis der besonderen Art, in der Natur und Geschichte verschmelzen.

15

Großsteingräber in der Kronsbergheide

ZUR OLDENDORFER TOTENSTATT Startpunkt ist der Wohnmobilstell- und Wanderparkplatz westlich des Lopausees, von dem aus Sie die Bundesstraße geradeaus überqueren und dann Richtung Oldendorfer Totenstatt radeln. Schon bald lichtet sich der Wald und vor Ihnen öffnet sich die Kronsbergheide mit einem schönen Schafstall, wo jedes Jahr im August während des Heideblütenfestes die Heidekönigin gewählt wird.

Die Route verläuft am Rande der Heide auf einem Waldweg weiter, passiert einen romantischen Weiher mit Seerosen und erreicht bald die sehenswerte Oldendorfer Totenstatt. Eine Handvoll Großsteingräber sind offengelegt und liegen verstreut in einer kleinen, frei zugänglichen Heidefläche. Die Gräber stammen aus der späteren Jungsteinzeit und der Bronzezeit. Mit einem Alter von weit über 5000 Jahren zählt das Bestattungsfeld zu den bedeutendsten archäologischen Fundstätten in Norddeutschland. Mehrere Funde sind im archäologischen Museum in Oldendorf ausgestellt, das Sie am Ende der Tour passieren.

DURCHS LUHETAL NACH SALZHAUSEN

Nahe der Totenstatt fließt die Luhe, und die Route führt Sie nun durch das Flusstal auf dem Luhe-Radweg durch offenes Agrarland nach Wetzen, das Sie geradeaus durchqueren. Die nächste Etappe verläuft auf einer Nebenstraße über den Butterberg durch eine abwechslungsreiche Landschaft aus Feldern und Waldstücken mit immer wieder schönen Weitblicken.

Die Radtafeln leiten Sie unterhalb des Butterberges links nach Putensen. Sie überqueren die Luhe mit freiem Blick auf den naturbelassenen Fluss und folgen kurze Zeit später rechts dem Luhe-Radweg nach Salzhausen. Die Radtafeln leiten Sie schließlich zur Landstraße, der Sie kurz nach rechts folgen und die Sie bei Luhmühlen wieder nach rechts verlassen. In dem ruhigen Ort überqueren Sie die Durchfahrtsstraße geradeaus und radeln in einem weiten Bogen nach links zwischen Bauernhöfen, Wiesen und Pferdekoppeln vom Norden her nach Salzhausen hinein.

Tipp

LÜNEBURGER-HEIDE-ERFAHRUNG

Das Archäologische Museum in Oldendorf befindet sich in einem auffallenden Fachwerkhaus, dem sogenannten Schemmes Hus, das 1750 als Schul- und Wohnhaus errichtet wurde. Nach dem Umbau und der Renovierung öffnete das Museum 2005 seine Türen. Zu sehen sind unter anderem Grabfunde aus der Oldendorfer Totenstatt. Das modern gestaltete Museum beleuchtet zudem die Errichtung der Grabanlagen und die Einwanderung der ersten Siedler ins Luhetal (www.museum-oldendorf.de).

Raststelle am Wegesrand

↑ Alter Feuerwehr-Schlauchturm in Salzhausen
↗ Lopausee
→ Archäologisches Museum in Oldendorf

SALZHAUSEN Der nette, geschichtsträchtige Ort begrüßt Sie mit einem historischen Ensemble aus Feuerwehr-Schlauchturm und nebenan liegendem Spritzenhaus von 1870, zwei fotogenen Bauwerken. Sie radeln links am Spritzenhaus vorbei und passieren einige Meter weiter die nächsten historischen Sehenswürdigkeiten: die Dorfscheune von 1778 und die denkmalgeschützte Kirche Sankt Johannis, eine teils aus Feldsteinen errichtete typische Heidekirche. Bei der Kirche halten Sie sich links und folgen den Radwegweisern am Rathaus entlang über den Paasberg und kehren zur Landstraße zurück, der Sie rechts bis Putensen folgen.

Tipp

GUTEN APPETIT

Salzhausen ist der Wendepunkt der Route und mit seinem kleinen, alten Kern ein einladender Ort zum Einkehren. Klein und fein ist das Café & Köstlich mit einem lauschigen Garten gegenüber dem Spritzenhaus. Serviert werden Köstlichkeiten aus eigener Backstube und fast alles ist biologisch und regional.

NACH AMELINGHAUSEN In Putensen leitet Sie die Radzwischentafel nach links. Sie überqueren wieder die Luhe und biegen in die erste Straße nach rechts ein. Auf einem Waldweg radeln Sie in Ufernähe nach Wetzen, wo Sie nach rechts entlang der Landstraße geleitet werden und kurze Zeit später links dem Wirtschaftsweg durch die Luheauen nach Oldendorf folgen.

In Oldendorf überqueren Sie erneut die Luhe und biegen gleich danach links in die Kösterstraße ein und werden so zum archäologischen Museum geleitet. Gleich nach dem Museum geht es links weiter auf der Nebenstraße. Die schattenreiche Strecke leitet Sie im Auf und Ab nach Wohlenbüttel, wo eine reizvolle Wassermühle an der Luhe die Blicke auf sich zieht. An Fischteichen vorbei und kurz nach den Bahngleisen radeln Sie nach links zur Durchfahrtsstraße in Sottorf, der Sie rechts nach Amelinghausen folgen. In Amelinghausen geht es bei den Gleisen links zum Ausgangspunkt zurück. Den Tag können Sie am Lopausee im Café Seestübchen oder im Biergarten des Cafés Seeblick ausklingen lassen.

INFO

HIGHLIGHT
Sehenswürdigkeit

TOURENCHARAKTER
Rundtour auf asphaltierten Nebenstraßen und Radwegen sowie befestigten Kieswegen

AUSGANGS-/ENDPUNKT
Parkplatz (Wohnmobilstellplatz) beim Lopausee, Auf der Kalten Hude, Amelinghausen

GPS-DATEN
53.133389, 10.234861

ANFAHRT
Auto: Auf der B 209, die direkt am Parkplatz beim Lopausee vorbeiführt
Bus: Heide-Shuttle

KOMBINIERBAR MIT
Touren 10 und 14

E-BIKE-LADESTATION
Beim Vermieter

RADVERLEIH
Amelinghausen:
Radverleih Pallme,
Lüneburger Straße 26a,
www.erlebniscard-lueneburger-heide.de/poi/fahrradverleih-pallme

INFORMATION
www.amelinghausen.de;
www.salzhausen.de

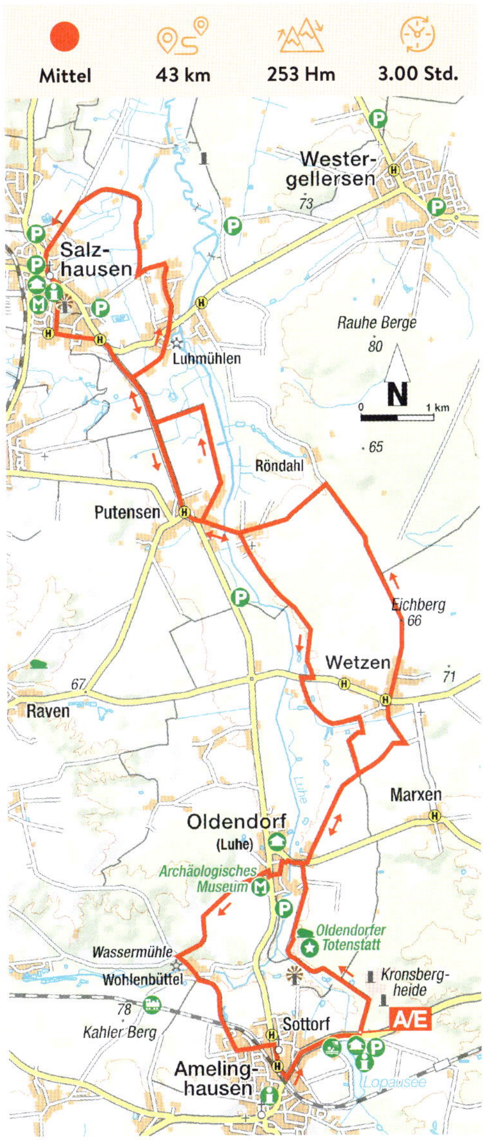

Typischer Fachwerkhof

HEIDEKREIS

Kontrastreiche Region zwischen Natur, Agrarland und Architektur

Unterwegs in der Wümmeniederung

16

FINTAUTAL UND WÜMMENIEDERUNG

Schneverdingen – Wintermoor – Otter – Riepshof – Wesseloh – Insel

Die Schönheit der Kulturlandschaft, geprägt von den mäandernden Heideflüssen Wümme und Fintau, deren Uferlandschaften heute unter Landschafts- und Naturschutz stehen, ruhige Dörfer und architektonische Kleinode erleben Sie auf dieser Rundtour durch das ländliche Gebiet nordöstlich von Schneverdingen.

ZUM THEESHOF Diese naturnahe Radrunde beginnt bereits an einem, wenn auch angelegten Fleckchen Natur: dem Heidegarten am Nordrand von Schneverdingen, in dem immer etwas blüht. Von der Aussichtsplattform bietet sich ein schöner Überblick auf den Garten und im angrenzenden ehemaligen Schafstall wird fürs leibliche Wohl gesorgt. Vom Heidegarten geht es zunächst durch den Wald und dann links Richtung Höpen, einem kleinen, romantischen Erholungs- und Landschaftsschutzgebiet, geprägt von Wald, Heide, Fachwerk und touristischer Infrastruktur. Die Lage auf einer Erhebung garantiert schöne Ausblicke auf reizvolle Heideflächen.
Von Höpen radeln Sie geradeaus durch eine Allee und passieren den traditionellen und gepflegten Theeshof im landestypischen Fachwerkstil – einst einer der größten Höfe im Raum Schneverdingen. Heute kümmert sich der Schneverdinger Heimatbund um den Hof, der als Heimathaus, Museum, Standesamt und Veranstaltungsort genutzt wird. Es lohnt sich, anzuhalten und den frei zugänglichen Außenbereich zu besichtigen, ein schönes Ensemble aus unter anderem Bauernhaus, Schafstall, Schmiede und Honigspeicher.

GRENZFLUSS WÜMME An der Kreuzung nach dem Theeshof halten Sie sich rechts Richtung Wintermoor. Eine landschaftlich reizvolle Strecke führt nun auf einer Nebenstraße durch Waldstücke, Wiesen und Agrarland nach Wintermoor. Sie durchqueren das von Ferienhäusern geprägte Dorf in Richtung Bahnhof Wintermoor. Am Ortsausgang beim Rastplatz halten Sie sich links, folgen dem Wegweiser nach Todtshorn und überqueren dabei die Wümme. Der Fluss bildete im Spätmittelalter die umstrittene Grenze zwischen dem Herzogtum Lüneburg und dem Bistum Verden, woran ein Grenzstein nahe der Wümme noch heute erinnert.

Tipp

LÜNEBURGER-HEIDE-ERFAHRUNG

Vielerorts in der Region stehen reetgedeckte Schafställe, mal im klassischen Fachwerkstil, mal im stabilen Ständerbohlenstil. Die Ställe dienen nicht nur den Heidschnucken als Dach, sondern sind seit jeher für die Heidebauern auch Sammelpunkt für Schafdünger. Die Schafe wurden und werden so gehalten, dass sie erst abends im Stall Zeit zum Verdauen haben. Das trägt dazu bei, dass keine Nährstoffe in den Heideboden dringen und auf dem kargen Boden deshalb nur Heidekraut wachsen kann. Pflanzen, die doch dazwischen sprießen, werden von den Schafen gefressen – so geht ökologischer Landschafts- und Naturschutz.

Durch eine schöne Allee mit beidseitig freien Ausblicken geht es über Ottermoor nach Groß Todtshorn. An der Kreuzung im Zentrum des netten Dorfes halten Sie sich rechts

Museumshof Theeshof in Schneverdingen

↑ Pause am Wümmeufer
↗ Mühlenteich im Fintautal
→ Riepshof

Richtung Otter, wo Sie an der Kreuzung Richtung Tostedt weiterradeln. Sie passieren den Dorfladen Schünhoff mit Café und Straßenterrasse, dann werden Sie von der Radtafel nach links weitergeleitet.

NATURSCHUTZGEBIET Auf einem Wirtschaftsweg durch Wiesen und Felder werden Sie in einem Bogen nach links um den 100 Meter hohen, größtenteils bewaldeten Otterberg nach Riepshof mit Pferdegestüt und

Tipp

GUTEN APPETIT

Auf dieser Route bietet sich für eine Pause nur der freundliche Dorfladen mit Café Schünhoff an (5.30–12 und 15–18 Uhr). Hier genießen Sie Dorfflair auf der urigen Terrasse bei Kaffee und Kuchen, Kaltgetränken und belegten Brötchen.

weiter zum historischen Schafstall Riepshof mit Rastplatz geleitet. Der fotogene Stall datiert von 1779 und gilt als architektonisches Kleinod und historisches Kulturgut. Er wurde in der sogenannten Ständerbohlenbauweise errichtet, was eine hohe Stabilität und Festigkeit garantiert, und mit einem Reetdach bedeckt.
Vom Schafstall geradeaus weiter erreichen Sie das idyllische Naturschutzgebiet Obere Wümmeniederung, wo Sie den Fluss überqueren. Am Ufer verleitet eine große hölzerne Loungebank dazu, das Rad einmal abzustellen und einfach die Natur so richtig zu genießen. Es besteht auch die Möglichkeit, nahe der Brücke die Füße in das kühle Wasser der Wümme zu halten.

FINTAUTAL Nach der Pause an der Wümme geht es Richtung der modernen Windkraftanlagen weiter. Sie stoßen auf die Durchgangsstraße, der Sie nach links folgen. Nach etwa zwei Kilometern in der Linkskurve biegen Sie rechts in die Bauerschaft Schiel ab. Sie radeln zunächst am Rande des Naturschutzgebietes Wümme-Niederung immer geradeaus durch eine Allee Richtung Schneverdingen. An der T-Kreuzung folgen Sie der Radtafel in den Heideort Wesseloh, wo Sie nach rechts auf den Radweg neben der Landstraße schwenken. Schon bald erreichen Sie Eggersmühlen mit Hof, Wassermühle und Teich. Das Ensemble befindet sich bereits im romantischen Naturschutzgebiet Fintautal, das sich beidseitig der Hofanlage erstreckt. Von Eggersmühlen geht es geradeaus ins Dorf Insel, dort nach rechts Richtung Grossenwede und an der ersten Kreuzung links zurück nach Schneverdingen – ein ruhigerer Rückweg als auf dem Radweg entlang der Landstraße.

INFO

HIGHLIGHT
Naturparadies

TOURENCHARAKTER
Rundtour auf geteerten Nebenstraßen und Radwegen sowie befestigten Kieswegen

AUSGANGS-/ENDPUNKT
Parkplatz Heidegarten, Overbeckstraße 65, Schneverdingen

GPS-DATEN
53.129222, 9.797167

ANFAHRT
Auto: Auf der A 7 Ausfahrt 43a Schneverdingen und dann weiter auf der B 3, später auf der L 170
Bahn: Mit der Regionalbahn (RB) ab Hannover und Buchholz in der Nordheide
Bus: Heide-Shuttle

KOMBINIERBAR MIT
Touren 1, 2, 3, 8 und 12

E-BIKE-LADESTATION
Schneverdingen: Heldjers Wohl, Osterwaldweg 8

RADVERLEIH
Schneverdingen:
Bienes Fahrradverleih, Heinrich-Loose-Straße 5;
Pedalo, Schulstraße 10,
www.pedalo-fahrraeder.de

INFORMATION
www.schneverdingen.de

Mittel | 46 km | 142 Hm | 3.30 Std.

MÜHLENROUTE

Schneverdingen – Lünzen – Grauen – Tewel – Neuenkirchen – Sprengel

Diese Rundtour führt durch ausgedehnte Wald- und Wiesenlandschaften im nordwestlichen Heidekreis, entlang historischer Wassermühlen, malerischer, von Heidebächen gespeister Mühlenteiche und einer alten Holländermühle. Beschauliche Orte und Einkehrmöglichkeiten fehlen nicht.

17

Sprengeler Windmühle

Wassermühle Lünzen

WASSERMÜHLE LÜNZEN Das populäre Kleinstädtchen Schneverdingen im Herzen der Lüneburger Heide ist Ausgangspunkt der Route. Vom Bahnhof geht es zunächst zur Durchfahrtsstraße und dann stadteinwärts. Sie fahren an der Ampelkreuzung nach rechts, radeln an der Kirche vorbei und folgen vor der nächsten Ampel den Radwegweiser Voigten nach links. Dabei passieren Sie die bronzene Statue der Heidekönigin. Der Weg führt am Stadtpark vorbei und am Ortsausgang rechts auf einen Wirtschaftsweg nach Zahrensen.

In Zahrensen folgen Sie dem Wegweiser Lünzen zur Landstraße. Sie radeln auf einem separaten Radweg etwa zwei Kilometer an der Landstraße entlang und biegen dann links zur Bauerschaft Lünzenbrockhof ab. Durch ein Waldstück geht es weiter Richtung Grauen. Nun folgt eine schöne, stille Strecke, auf der Sie zweimal den idyllischen Heidebach Veerse überqueren. An der Landstraße machen Sie kurz nach rechts einen Abstecher zur historischen Wassermühle Lünzen aus dem 16. Jahrhundert. Sie ist die einzige noch vorhandene Doppelrad-Wassermühle in Norddeutschland. Gegenüber der Mühle befindet sich der romantische Mühlenteich, gespeist von der Veerse. Ein paar Meter weiter befindet sich das nette Café MühlWerk mit Hofladen für einen ersten Stopp.

Tipp

LÜNEBURGER-HEIDE-ERFAHRUNG

Zur Kulturlandschaft der Lüneburger Heide gehören auch Wasser- und Windmühlen, die in der Geschichte Niedersachsens seit Langem eine Rolle als Korn- oder Ölmühlen, als Antriebe für Säge-, Pump- oder Schöpfwerke spielen. Rund 200 Mühlen gibt es in Niedersachsen, wobei klassische Einrad-Wassermühlen sowie Bock- und Galerie-Holländer-Windmühlen am stärksten vertreten sind. Einige werden noch betrieben, die meisten sind allerdings nur noch als Schau- und Museumsmühlen zu bewundern. Im Kontrast zu den alten Mühlen stehen heute moderne Windkraftanlagen, denen Sie unterwegs auch häufig begegnen werden.

↑ Schattiger Abschnitt
↗ Rutenmühle
→ Im Zentrum von Tewel

RUTENMÜHLE Ab der Wassermühle folgen Sie der Landstraße nach Grauen und im Ort biegen Sie auf die Nebenstraße nach Tewel ab. Nun geht es mehr oder weniger auf moderne Windmühlen zu. Nach etwa zwei Kilometern leiten Radtafeln Sie rechts nach Tewel-Moor. Sie biegen nicht die erste, sondern die zweite, geteerte Straße nach links auf einen kerzengeraden Wirtschaftsweg ein zur Bundesstraße, wo Sie nach Tewel hineinradeln. Im beschaulichen Ort biegen Sie rechts ab nach Neuenkirchen. Die Radtafeln leiten Sie nun zur Rutenmühle über Platenkamp durch offenes, von Heidebächen durchzogenes Agrarland und durch den Forst Rutenmühle mit altem Baumbestand. Die märchenhafte Wassermühle von 1768 mit einem malerischen Seerosenteich ist einer der Glanzpunkte der Route. Die Route verläuft über das Mühlengelände auf einem Privatweg. Radfahrern ist die Durchfahrt erlaubt. Sie radeln ab der Rutenmühle auf einem schattigen Weg durch den Wald, an Fischteichen entlang und den Radzwischentafeln folgend ins Zentrum des Schnuckendorfes Neuenkirchen.

Tipp

GUTEN APPETIT

Im stimmungsvollen Restaurant-Café MühlWerk in Lünzen unweit von Schneverdingen können Sie den Radtag mit einem ausgiebigen Frühstück starten. Das Büfett ist sehr variationsreich mit hausgemachten Gerichten aus regionalen Produkten.

WUNDERSCHÖNE WINDMÜHLE Im Herzen von Neuenkirchen lädt das bei Radlern beliebte Eiscafé Venezia auf eine Pause ein. Nach dem Café schwenken Sie nach links zum sehenswerten Schröers-Hof mit traditionellen Fachwerkgebäuden und zum hinter dem Hof gelegenen Dorfteich mit nettem Radrastplatz. Ab hier radeln Sie auf einem Kiesweg zur Durchfahrtsstraße, die Sie geradeaus Richtung Schneverdingen überqueren. Auf dem Radweg neben der Straße erreichen Sie Sprengel, wo Sie sich zunächst an die Radwegweiser links nach Schwalingen und dann gleich rechts nach Lünzen halten. Sie kommen so an der weißen achteckigen Sprengeler Mühle vorbei. Die imposante, wunderschöne Galerie-Holländer-Windmühle von 1877 wurde vorwiegend als Kornmühle betrieben. Heute ist die denkmalgeschützte, vollständig renovierte Mühle im Besitz der Gemeinde Sprengel und oft frei zu besichtigen. Ende August findet hier das Mühlenfest statt.

An der Kreuzung nach der Sprengeler Mühle folgen Sie der Nebenstraße nach rechts durch Agrarland über Schülernbrockhof und Voigten nach Schneverdingen zurück. Sie kommen wieder zur Statue der Heidekönigin, wo Sie rechts Richtung Heber zum Bahnhof gelangen. Auf den Weg dorthin passieren Sie einige nette Einkehrmöglichkeiten mit Terrasse, auf denen Sie den Tag ausklingen lassen können.

INFO

Leicht | 38 km | 211 Hm | 2.30 Std.

HIGHLIGHT

Sehenswürdigkeit

TOURENCHARAKTER

Rundtour auf asphaltierten Nebenstraßen, Wirtschafts- und Radwegen

AUSGANGS-/ENDPUNKT

Parkplatz beim Bahnhof Schneverdingen, Heidkampsweg 9

GPS-DATEN

53.112222, 9.798917

ANFAHRT

Auto: Auf der A 7 Ausfahrt 43a Schneverdingen und weiter auf der B 3
Bahn: Mit der Regionalbahn (RB) ab Hannover und Buchholz
Bus: Heide-Shuttle

KOMBINIERBAR MIT

Touren 1, 2, 3, 12, 16 und 17

E-BIKE-LADESTATION

Schneverdingen: Heidjers Wohl, Osterwaldweg 8

RADVERLEIH

Schneverdingen: Bienes Fahrradverleih, Heinrich-Loose-Straße 5; Pedalo, Schulstraße 10, www.pedalo-fahrraeder.de

INFORMATION

www.schneverdingen.de; www.dasneuenkirchen.de

Klappbrücke über den Soltauer Heidebach

18

DURCHS BÖHMETAL

Soltau – Tetendorf – Brock – Dorfmark – Avenriep – Meinern

Auf dieser leichten Radrunde durch das stille Tal des Heideflusses Böhme wechseln sich Auen, Waldstücke und Agrarland ab. Verstreute Fachwerkhöfe, beschauliche Weiher und Dörfer liegen entlang der Route, die im alten Dorfmark ihren Wendepunkt hat und dann durch offenes Land zurück verläuft.

START BEI DER SOLTAUER THERME

Vom Parkplatz bei der Soltauer Therme radeln Sie zur Durchfahrtsstraße, der Sie nach links ins Zentrum folgen. An der großen Kreuzung im Ortskern passieren Sie das schmucke alte Rathaus, das Spielmuseum und das Heimatmuseum. Hier geht es geradeaus weiter, vorbei an der Touristeninformation und einem kleinen Einkaufszentrum. Nach der Überquerung des Heidebaches Soltau geht es nach links über den Platz mit Bänkchen und E-Bike-Ladestation geradeaus weiter. Sie folgen dabei den Radwegweisern Bad Fallingbostel und Dorfmark.

Nach den Bahngleisen leiten Sie die Tafeln nach links ins Tal der Böhme und entlang der Rückseite des Breidings Garten, eines Landschaftsparks im englischen Stil. Immer den Radtafeln folgend, geht es an der Landstraße kurz nach rechts, dann nach links. Bis nach Dorfmark radeln Sie auf dem Leine-Heide-Radweg mehr oder weniger in der Nähe der Böhme, deren Quellgebiet im Pietzmoor nahe Schneverdingen liegt. Die Böhme gilt als einer der wasserreichsten Heideflüsse der Region.

Tipp

LÜNEBURGER-HEIDE-ERFAHRUNG

Mitten auf dem Marktplatz in Dorfmark steht die Statue der Dorothee Grünhagen, im Volksmund nur Grefel Dorjen genannt. Zeit ihres Lebens führte sie ein sehr einfaches, sehr isoliertes Dasein. Sie galt als derbe, aber ehrliche Person mit schweren Stiefeln, einer Zigarre im Mund und immer einer Flinte zum Jagen über der Schulter. Ihre besonderen Eigenheiten sollen im Wesentlichen die Lebensart der Heidjer, wie sich die Heidebewohner selber nennen, widerspiegeln, weshalb ihr ein Denkmal gewidmet wurde, zum Gedächtnis für die nachfolgenden Generationen.

Waldreiche Strecke im Böhmetal

↑ Marktplatz von Dorfmark
↗ Landgut bei Riepe

EINFACH REIZVOLL Kaum haben Sie Soltau den Rücken gekehrt, sind Sie mitten in der Natur. Immer den Radwegweisern Faßberg und Dorfmark folgend, radeln Sie durch das idyllische Böhmetal. Getreidefelder, Waldstücke, Wiesen mit Pferdekoppeln, romantische Alleen und traditionelle Fachwerkhöfe prägen diese abwechslungsreiche und landschaftlich schöne Strecke bis Dorfmark. An der T-Kreuzung am Ortsbeginn von Dorfmark halten Sie sich rechts und folgen dem Radwegweiser Richtung Bömlitz durch den beschaulichen Ort, dessen Geschichte bis ins 10. Jahrhundert zurückreicht.

Dorfmark hat seinen dörflichen Charakter weitgehend erhalten, bietet Fachwerkarchitektur vom Feinsten und einige nette Einkehrmöglichkeiten, wie das bei Radlern und Radlerinnen beliebte Eiscafé Da Mario an der Ecke des Marktplatzes. Hier befindet sich auch der Dorfbrunnen mit der Statue der Grefel Dorjen, einer außergewöhnlichen Frau mit einer außergewöhnlichen Geschichte.

AUF DER ANHÖHE Der Marktplatz in Dorfmark ist auch der Wendepunkt der Tour. Hier gelangen Sie am Dorfbrunnen und am Fachwerkhof mit Ziehbrunnen entlang zur Landstraße, der Sie kurz nach rechts folgen und die Sie dann nach links Richtung Riepe verlassen. Die nächste Etappe schlängelt sich mit ordentlicher Steigung aus dem Böhmetal heraus und bietet dabei herrliche Weitblicke über das Tal und das Agrarland. Nach etwa zwei Kilometern geht es rechts über Diekhus und Eickhof und eine weitere Steigung in die Bauerschaft Avenriep mit einem schönen Gutshof bei der Straßenkreuzung.

IM ZICKZACK RETOUR An der Kreuzung in Avenriep halten Sie sich nach rechts Richtung Soltau. Nach wenigen Metern beginnt an der linken Straßenseite ein separater Radweg, der durch Meinern und Lutjeholz verläuft. In Weißenkamp verlassen Sie die Landstraße nach links (kein Radwegweiser!) und radeln auf einem Wirtschaftsweg Richtung Wald. Beim Aktivstall Soltau biegen Sie rechts ab nach Barnbruch und folgen der asphaltierten Straße bis zu den Gleisen. Nach den Gleisen geht es sofort nach links weiter auf einem Kiesweg. Sie überqueren erneut die Gleise, wenden sich nach rechts und erreichen so eine Landstraße, die rechts nach Soltau führt. Immer geradeaus radelnd, erreichen Sie den Soltauer Bahnhof.

Kurz danach biegen Sie nach links ab. Sie kommen so wieder über den Soltau-Bach und zum kleinen Einkaufszentrum, hinter dem sich das hübsche Zentrum mit Fußgängerzone und gemütlichen Cafés und Restaurants befindet. Falls Sie keinen Stopp einlegen möchten, radeln Sie einfach geradeaus weiter, vorbei an den Museen bis zur Ampel beim Landkreisamt, wo es rechts zum Parkplatz zurückgeht.

Tipp

GUTEN APPETIT

Einen guten Ruf in Dorfmark hat das Gasthaus Meding in der Poststraße 10, das in gemütlicher Atmosphäre klassische Fleischgerichte aus der Deutschen Küche, aber auch saisonale und vegetarische Gerichte anbietet. Öffnungszeiten beachten!

INFO

HIGHLIGHT
Sehenswürdigkeit

TOURENCHARAKTER
Rundtour auf asphaltierten Nebenstraßen, Wirtschafts- und Radwegen

AUSGANGS-/ENDPUNKT
Parkplatz an der Therme, Scheibenstraße 11, Soltau

GPS-DATEN
52.990361, 9.838639

ANFAHRT
Auto: Auf der A 7 Ausfahrt 44 Soltau-Ost und dann auf der B 71 weiter
Bahn: Regionalbahn (RB) ab/bis Bremen, Hannover und Buchholz in der Nordheide
Bus: Heide-Shuttle

KOMBINIERBAR MIT
Touren 8, 11, 12, 20 und 22

E-BIKE-LADESTATION
Soltau: am Bahnhof, am Georges-Lemoine-Platz, ein paar Schritte südlich der Touristeninformation, und bei den Vermietern
Dorfmark: auf dem Marktplatz

RADVERLEIH
Soltau: Fahrradverleih Wettig, Visselhöveder Straße 6, Facebook: FahrradverleihWettig;

Leicht | 34 km | 182 Hm | 2.00 Std.

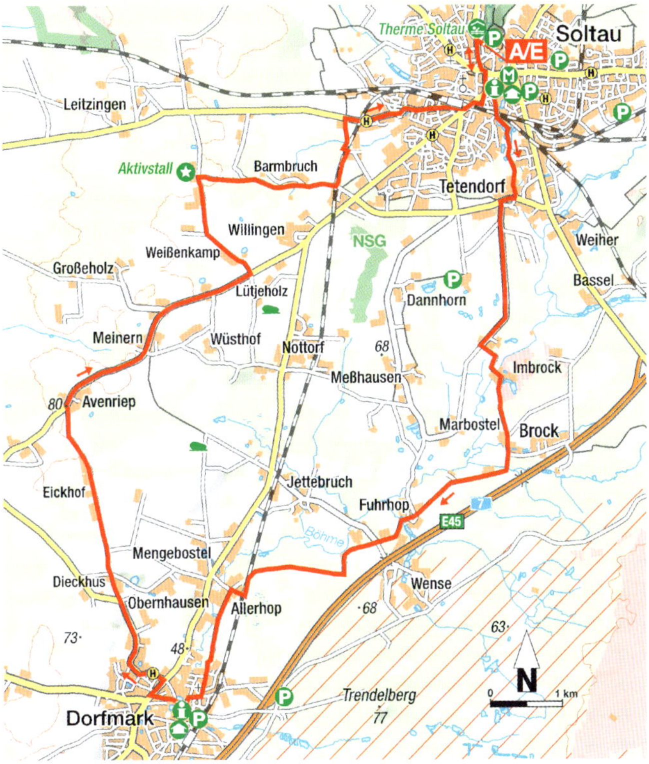

Camping Auf dem Simpel, Auf dem Simpel 1, www.auf-dem-simpel.de

INFORMATION
www.soltau-touristik.de; www.badfallingbostel.de

RUNDE VON MUNSTER

Wietzendorf – Meinholz – Hötzingen – Töpingen – Munster – Kreuzen

Die Radrunde über Munster, gelegen an der Örtze und ein Standort der Bundeswehr, führt durch Wald, Agrar- und Flusslandschaften sowie durch kleine Orte. Das historische Altdorf Munster und das Deutsche Panzermuseum beleuchten die besondere Geschichte der Region. Eine Tour für Jung und Alt.

19

Wassermühle in Altdorf-Munster

Der imposante Peetshof in Wietzendorf

EINSTIMMUNG Wietzendorf ist Ausgangspunkt dieser Route. Bekannt ist der Ort wegen des Naturbadesees im Camp Südsee nördlich des Dorfes. Sehenswert im Dorf ist der frei zugängliche Museumshof Peetshof, eine typische Hofanlage im Fachwerkstil aus dem 19. Jahrhundert. Vom überschaubaren Ortszentrum folgen Sie dem Radwegweiser nach Meinholz direkt am Peetshof entlang und verlassen Wietzendorf auf der Nebenstraße. In Meinholz leiten die Radtafeln Sie schräg rechts in Richtung Munster und Willenbockel durch weite Agrarlandschaft. An der T-Kreuzung verläuft die Route nach rechts weiter auf einer Nebenstraße am bewaldeten Westrand des Truppenübungsplatzes Munster-Süd entlang.

Nach etwa zwei Kilometern folgen Sie dem gelben Wegweiser Hötzingen nach links und ignorieren dabei die Radzwischentafel. Auf einer ruhigen Straße durch Wald entlang von Wiesen und Äckern gelangen Sie zum Bauerndorf Hötzingen und überqueren dabei die Bahngleise. Am Dorfausgang geht es

Tipp

LÜNEBURGER-HEIDE-ERFAHRUNG

Eine informative Reise durch die deutsche Militärgeschichte erleben Besucher im Deutschen Panzermuseum in Munster. Panzer, Geschütze, Waffen, Uniformen und mehr – die umfangreiche Ausstellung zeigt die Entwicklung der deutschen gepanzerten Truppen. Für das Museum mit fünf Hallen und einem Außenbereich mit dem Sahnestück, einem begehbaren Leopard-1-Panzer, sollten Sie genügend Zeit einplanen. Aktuelle Informationen unter www.daspanzermuseum.de.

Schautafel am Wegesrand

gerade über die Bundesstraße und auf einen Wirtschaftsweg weiter nach Töpingen.

ABWECHSLUNGSREICH Bei Töpingen folgen Sie wieder den Radzwischentafeln. Sie leiten links-rechts durch das nette, stille Dorf über einen Wirtschaftsweg nach Alvern mit schönem Ausblick auf das Agrarland. Die Route verläuft dann kurz an der Bundesstraße entlang und links weiter in Richtung Munster am Schützenhaus und einem Pferdehof vorbei. Die nächste Etappe führt Sie durch den Wald und anschließend an der Nebenstraße entlang, wobei Sie den Truppenübungsplatz Munster-Nord streifen. Die Radtafeln weisen Sie dann nach rechts auf einen idyllischen Radweg am naturbelassenen Heidefluss Örtze entlang schließlich zur Innenstadt von Munster. Nette Gastronomiebetriebe laden hier auf eine Pause ein.

MUNSTER ERFAHREN Munster kennt eine lange Geschichte und ist seit Ende des 19. Jahrhunderts allmählich zu einem bedeutenden Standort der Bundeswehr angewachsen, umringt von großen Truppenübungsplätzen. Wer interessiert ist, der kann einen Besuch des Deutschen Panzermuseums im Osten der Stadt einplanen. Eine willkommene Abwechslung bietet, wenn das Wetter mitspielt, auch der Badestrand am frei zugänglichen Flüggenhofsee nördlich des Bahnhofes. Besonders reizvoll ist das Altdorf Munster, eine denkmalgeschützte historische Hofanlage an der Örtze.
Die Radroute führt durch die Einkaufsstraße von Munster, an ihrem Ende links zur hübschen Munster Mühle und vor dieser alten Wassermühle nach rechts ins Altdorf. Blickfänger sind das älteste Haus der Stadt, der Ollershof, der Treppenspeicher und das Backhaus. Der Örtzeweg, ausgeschildert mit einem Logo aus drei weißen Wellen auf blauem Hintergrund, beginnt etwa beim Altdorf Munster und führt Sie durch eine Parkanlage vorbei an der mittelalterlichen Steinkirche, dem ältesten Gebäude der Stadt.

RÜCKWEG Kurz nach der historischen Steinkirche im Altdorf überqueren Sie links die Örtze auf einer kleinen Holzbrücke und verlassen Munster rechts auf einem Wald-

Tipp

GUTEN APPETIT

Munster liegt auf halber Strecke der Tour und eignet sich bestens für eine längere Pause. Im Café-Restaurant Zur Wassermühle gibt es deftige Kost, Kaffee und Kuchen mit Blick von der Terrasse auf Munster-Altdorf.

weg durchs idyllische Örtzetal. Die abwechslungsreiche Route schlängelt sich durch reizvolle Natur, überquert mehrmals den mäandernden Heidefluss und endet kurz nach der Dethlinger Heide am kleinen Wanderparkplatz Dethlingen. Hier radeln Sie rechts mit Vorsicht an der Landstraße entlang und überqueren dann die Bundesstraße geradeaus Richtung Müden. An der anderen Straßenseite fängt wieder ein separater Radweg an. Die Route verläuft nun am Waldrand des Truppenübungsplatzes entlang durch Trauen und führt am Ortseingang von Kreuzen rechts nach Wietzendorf auf einer ruhigen Straße durch den Wald und durchquert auch mal die Militärzone. Ab Reiningen bestimmt weites Agrarland wieder die Radlandschaft und auf einem Wirtschaftsweg ist der Ausgangspunkt bald wieder erreicht.

INFO

HIGHLIGHT
Sehenswürdigkeit

TOURENCHARAKTER
Rundtour auf asphaltierten Nebenstraßen und Wirtschaftswegen; kleiner Abschnitt Forstweg

AUSGANGS-/ENDPUNKT
Parkplatz beim Rathaus, Bahnhofstraße 1, Wietzendorf

GPS-DATEN
52.918722, 9.974417

ANFAHRT
Auto: Auf der A 7 Ausfahrt 45 Soltau-Süd und dann weiter auf der B 3

KOMBINIERBAR MIT
Touren 20 und 21

E-BIKE-LADESTATION
Bei den Vermietern

RADVERLEIH
Wietzendorf: Südsee-Camp, www.suedsee-camp.de; Fahrradscheune, Kampstraße 36, www.fahrrad-scheune-wietzendorf.de
Munster: Fahrrad Sandau, Söhlstraße 23, www.fahrrad-sandau.de; Campingplatz Zum Örtzewinkel, Kreutzen 22, www.oertzewinkel.de

Schwer | 54 km | 243 Hm | 4.00 Std.

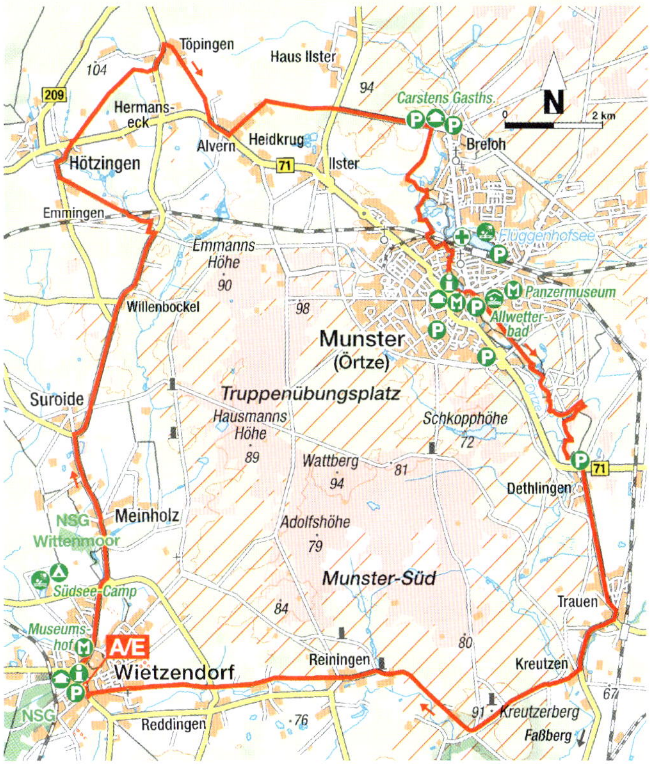

INFORMATION
www.wietzendorf.de; www.munster.de

Naturbadesee im Camp Südsee

20

AB IN DIE SÜDSEE

Soltau – Tetendorf – Penzhorn – Suroide – Südsee-Camp – Wietzendorf – Brock

Badespaß für Groß und Klein oder Erholung am weißen Sandstrand bietet der Naturbadesee im Südsee-Camp nahe Wietzendorf. Außer zum See führt Sie diese Runde auch durch eine abwechslungsreiche Landschaft und zum frei zugänglichen Peetshof in Wietzendorf, einem Museumsbauernhof im typischen Fachwerkstil.

SOLTAU Startpunkt dieser Radtour ist der Parkplatz bei der Soltauer Therme. Von hier geht es zur Durchfahrtsstraße und dann links ins Zentrum von Soltau. Vorbei am Heimatmuseum, Spielmuseum und an der Touristeninformation überqueren Sie nach dem Einkaufszentrum den Heidebach Soltau und biegen kurz danach links ab. Sie folgen dabei dem Radwegweiser Bad Fallingbostel. Gleich nach der Unterquerung der Gleise nehmen Sie links den Kiesweg. Sie gelangen so an die Rückseite des Breidings Gartens und radeln entlang der Böhme zur Landstraße in Tetendorf. Hier biegen Sie nach links Richtung Wietzendorf ab. Sie überqueren die Böhme, folgen kurz der Bundesstraße nach rechts und radeln dann nach links durch die Bauerschaft Weiher weiter. Die Radzwischentafeln leiten Sie über die Gleise zu einer T-Kreuzung im Wald. Die Route verläuft hier rechts weiter nach Wietzendorf und überquert nach dem Hof Hebenbrock die Autobahn.

HEIDE, MOOR UND WALD An der anderen Seite der Autobahn erstreckt sich der Wietzenbruch, eine vom kleinen Fluss Wietze gebildete Landschaft, die mit ausgedehnten Wald- und Moorflächen und kleinen Heidegebieten bestieht. Über den Weiler Penzhorn windet sich die Radroute durch die Natur zum Dorf Suroide, zunächst auf einer breiten Panzerstraße. Moorseen und vom Militär genutzte Heideflächen sind zwischen den Bäumen sichtbar. Vor Suroide müssen Sie einer stärker frequentierten Nebenstraße ohne Radweg kurz nach rechts folgen. An der ersten Möglichkeit biegen Sie nach links ab und ignorieren dabei die Radzwischentafel geradeaus. Der Wirtschaftsweg bringt Sie direkt in die Dorfmitte von Suroide mit einer Handvoll schöner Fachwerkhöfe. Sie halten sich im Dorf zweimal rechts, folgen dem Radwegweiser Wietzendorf, überqueren die

Tipp

LÜNEBURGER-HEIDE-ERFAHRUNG

Direkt an der Radroute liegt der Museumshof Peetshof in Wietzendorf, ein typischer Bauernhof im Fachwerkstil aus dem 19. Jahrhundert. Mitte der 1980er-Jahre wurde der etwas verfallene Hof von der Gemeinde für diverse Veranstaltungen gekauft. In den Folgejahren gründete man einen Heimatverein, der sich seither um den Hof kümmert. Die Gebäude wurden von Grund auf saniert und restauriert und heute erstrahlt der Hof in neuem Glanz mit Wohnung, Scheune, Schweinestall, Speicher, Ziehbrunnen, Garten und Geräteschuppen.

Forstweg bei Hedenbrock

↑ Malerische Holzbrücke am Fischteich
↗ Soltauer Zentrum
→ Unterwegs im Wietzenbruch

stärker frequentierte Nebenstraße und gelangen danach wieder in den Wietzenbruch. Mit geringem Anstieg, danach mit leichtem Gefälle und schönen Weitblicken auf Wald und Agrarland geht es über den Königsberg.

Tipp

GUTEN APPETIT

Das Inselrestaurant im Südsee-Camp hat für fast jeden Geschmack etwas: frische Salate und hausgemachte Suppen, vegane und vegetarische Gerichte, Burger und Schnitzel – oder Sie genießen einfach nur Kuchen mit Kaffee auf der Sonnenterrasse mit Seeblick.

Im ersten Abschnitt des Wietzenbruches sind mit etwas Glück Kraniche zu beobachten, ein besonderes Naturerlebnis.

WENDEPUNKT WIETZENDORF Der Radweg durch den Wietzenbruch stößt schließlich auf das Südsee-Camp mit riesigem Campingplatz, Badesee und Gastronomie. Das Camp umrunden Sie nach rechts zur Landstraße, an der es links zum Haupteingang des Südsee-Camps geht. Sie erblicken dabei den Badesee mit Sandstrand und Restaurant. Die Route führt aber geradeaus weiter nach Wietzendorf.
Die Radzwischentafeln leiten Sie direkt ins Zentrum von Wietzendorf, vorbei am interessanten Museumsbauernhof Peetshof. Danach erreichen Sie den Rathausplatz, an dem

Sie sich nach rechts Richtung Dehnernbockel halten. Den Radzwischentafeln folgend, geht es am Ortsende nach rechts und über die Bahngleise in einen Mischwald hinein, vorbei am romantischen Ziegeleiteich mit Rastplatz, einem kleinen Idyll.
Auf Forst- und Wirtschaftswegen mit einer kurzen Unterbrechung entlang einer Nebenstraße radeln Sie nun über Dehnernbockel und Lührsbockel nach Soltau retour. Stille Wälder, offene Felder und Heideflächen bestimmen die Radlandschaft. Rotwild, Feldhasen und unterschiedliche Vogelarten queren ab und an die Wege. An der Bundesstraße angelangt, haben Sie die Möglichkeit, nach rechts am Radweg entlang der lebhaften Straße zum Ausgangspunkt zurückzuradeln. Unsere Route ist schöner, aber etwas anspruchsvoller und führt geradeaus auf einem Waldweg in den kleinen Ort Brock. Nach der Überquerung der Autobahn biegen Sie links nach Brock ab und ignorieren dabei die Radzwischentafel. An der T-Kreuzung in Brock stoßen Sie auf den Radwegweiser nach Soltau, der Sie nach rechts durchs reizvolle Böhmetal wieder zurück zum Heideort leitet.

INFO

HIGHLIGHT
Sehenswürdigkeit

TOURENCHARAKTER
Rundtour auf asphaltierten Nebenstraßen, Wirtschafts- und Radwegen sowie sandigen Heide- und Waldwegen

AUSGANGS-/ENDPUNKT
Parkplatz an der Therme, Scheibenstraße 11, Soltau

GPS-DATEN
52.990361, 9.838639

ANFAHRT
Auto: Auf der A 7 Ausfahrt 44 Soltau-Ost und dann auf der B 71 weiter
Bahn: Regionalbahn (RB) ab/bis Bremen, Hannover und Buchholz in der Nordheide
Bus: Heide-Shuttle

KOMBINIERBAR MIT
Touren 8, 11, 12, 18 und 22

E-BIKE-LADESTATION
Soltau: am Bahnhof, am Georges-Lemoine-Platz, ein paar Schritte südlich der Touristeninformation, und bei den Vermietern

Mittel | 43 km | 362 Hm | 3.00 Std.

RADVERLEIH
Soltau: Fahrradverleih Wettig, Visselhöveder Straße 6, Facebook: FahrradverleihWettig; Camping Auf dem Simpel, Auf dem Simpel 1, www.auf-dem-simpel.de
Wietzendorf: Südsee-Camp, www.suedsee-camp.de; Fahrradscheune, Kampstraße 36, www.fahrrad-scheune-wietzendorf.de

INFORMATION
www.soltau-touristik.de

ZUM NATURPARK SÜDHEIDE

Wietzendorf – Reiningen – Müden – Hermannsburg – Bonstorf

Die reizvollen Ortschaften des Naturparks Südheide, Müden und Hermannsburg mit ihren historischen Ortskernen entdecken Sie auf dieser herrlichen Radrundtour. Weites Agrarland, ausgestreckte Wälder, das romantische Tal der Örtze und sanfte Hügel prägen die Radlandschaft.

21

Müdener Heidesee

Historisches Zentrum von Müden

AUF NACH MÜDEN Die Route startet im beschaulichen Wietzendorf, das jährlich viele Touristen mit dem Südsee-Camp anlockt, einem Naturbadesee mit Sandstrand, Campingplatz, Spielplätzen und Gastronomie. Sehenswert im Dorf ist der renovierte Peetshof, eine frei zugängliche historische Hofanlage im Fachwerkstil mit verschiedenen Wohn- und Nutzgebäuden.
Das erste Ziel der Radtour ist Müden an der Örtze. Ab dem Rathaus im kleinen Ortszentrum folgen Sie zunächst der Hauptstraße nach rechts und beachten nach der Kirche den Radwegweiser links Richtung Faßberg. Den Radzwischentafeln folgend, verlassen Sie Wietzendorf auf einem Wirtschaftsweg. Die schöne, ruhige Strecke verläuft nun auf einer Allee und durch das von Wiesen und Wald geprägte Tal der Wietze. In der Bauerschaft Reiningen führt die Radtour links weiter auf eine Nebenstraße und am Südrand des Truppenübungsplatzes Munster-Süd entlang nach Poitzen. In Poitzen angelangt, überqueren Sie die Landstraße geradeaus und radeln auf einem schattigen Wirtschaftsweg nach Müden an der Örtze hinein.

MÜDEN ENTDECKEN Sie halten sich in Müden links, dann rechts und radeln am sehenswerten, alten Ziehbrunnen entlang durch schmucke Gassen zur Hauptstraße. Müden ist ein wunderschöner Ort mit teils

Tipp

LÜNEBURGER-HEIDE-ERFAHRUNG

Der Naturpark Südheide erstreckt sich zwischen Faßberg im Norden, Eschede im Süden, Unterlüß im Osten und Müden und Hermannsburg im Westen. Der rund 500 Quadratkilometer große Naturpark wurde 1964 gegründet und ist heute als Landschaftsschutzgebiet ausgewiesen. Stimmungsvolle Heideflächen, immergrüne Auen, mystische Moore, ausgedehnte Wälder und hübsche Dörfer bestimmen das Landschaftsbild und begeistern seit jeher die Besucher. Auf einem Hunderte von Kilometern langen Rad- und Wandernetzwerk kann man den Naturpark erkunden.

↑ Hermannsburg
↗ Auf dem Retourweg

gepflasterten und von Fachwerkhöfen gesäumten Straßen und Gassen, einer typischen Heidekirche mit frei stehendem Glockenturm, alten knorrigen Eichen und netten Einkehrmöglichkeiten. Die Atmosphäre des Ortes bezaubert jeden Besucher. Im Ortszentrum an der Hauptstraße führt die Radroute nach links Richtung Faßberg. Sie überqueren den Heidefluss Örtze und erblicken links die historische, wundervoll restaurierte Wassermühle. Dahinter erstreckt sich inmitten eines gepflegten Parks der Heidesee. Die Radtour führt nach der Örtze-Brücke rechts weiter zum nächsten Ziel: Hermannsburg. Die reizvolle Strecke führt durch den Westen des Naturparks Südheide, der hier von Wald und der Flusslandschaft der Örtze geprägt wird.

Tipp

GUTEN APPETIT

Bei Hoffman's Backhus mit Sonnenterrasse an der Radroute in Müden können Sie in gemütlicher Atmosphäre Kaffee und hausgemachte Torten oder Kuchen genießen. Und im Zentrum von Hermannsburg lädt Ohlendorfs Gasthaus mit feiner, innovativer Küche und ansprechendem Ambiente zum Einkehren ein.

HERMANNSBURG Am Ortsrand von Hermannsburg fahren Sie an der Gabelung rechts und folgen dem Radwegweiser Ortsmitte. Dabei überqueren Sie erneut die Örtze mit dem gepflegten Park und es geht auf zwei imposante Kirchen zu: die backsteinerne Große Kreuzkirche und die weiße Dorfkirche. Beide Gotteshäuser sind sehenswert und es lohnt sich, auch einen Blick ins Innere zu werfen. An der Kirche lenken Sie nach rechts vorbei am Biergarten und folgen dann den Radwegweisern Wietzendorf. Sie verlassen Hermannsburg auf einer ruhigen Nebenstraße durch weite Agrarlandschaft.

EINE HERAUSFORDERNDE STRECKE
Mit ordentlicher Steigung radeln Sie aus dem Tal der Örtze hoch und kehren dem Naturpark Südheide den Rücken. Auf der Anhöhe angekommen, schwenken Sie rechts nach Barmbostel und überqueren dabei die Land-

straße geradeaus. Im kleinen Dorf Barmbostel stoßen Sie auf einen netten, schattigen Radrastplatz, wo Sie eventuell noch eine Pause vor dem Rückweg einlegen können. Den Radzwischentafeln folgend, gelangen Sie von Barmbostel mit Weitblicken ins nächste Dorf: Bonstorf. Ab hier folgen Sie dem Wegweiser Wietzendorf nach links an der Nebenstraße entlang bis zum schattigen Badeteich mit Kinderspiel- und Grillplatz. Beim Badeteich weist der Wegweiser Reiningen Sie rechts auf eine steile, herausfordernde Pflasterstraße, die glücklicherweise nach wenigen Metern auf der Anhöhe in einen geteerten Wirtschaftsweg übergeht. Die nächsten Kilometer verlaufen auf einem Wirtschaftsweg zwischen modernen Windmühlen und anschließend durch stillen Wald nach Reiningen zurück. An der T-Kreuzung in Reiningen erreichen Sie den Radweg nach Wietzendorf und radeln nochmals durchs stille Tal der Wietze zum Ausgangspunkt zurück.

INFO

HIGHLIGHT
Sehenswürdigkeit

TOURENCHARAKTER
Rundtour auf asphaltierten Nebenstraßen, Wirtschafts- und Radwegen

AUSGANGS-/ENDPUNKT
Parkplatz beim Rathaus, Bahnhofstraße 1, Wietzendorf

GPS-DATEN
52.918722, 9.974417

ANFAHRT
Auto: Auf der A 7 Ausfahrt 45 Soltau-Süd und dann weiter auf der B 3

KOMBINIERBAR MIT
Touren 19, 20, 24, 25, 26, 28 und 29

E-BIKE-LADESTATION
Bei den Vermietern

RADVERLEIH
Wietzendorf: Südsee-Camp, www.suedsee-camp.de; Fahrradscheune, Kampstraße 36, www.fahrrad-scheune-wietzendorf.de
Faßberg: Oberohe 25, www.campingheidesee.com; Gaby's Bootsverleih, Fuchsbau 9, www.bootsverleih-gaby.de
Hermannsburg: Wiecheler Weg 1, Weesen, knoop-fahrraeder.jimdosite.com

Mittel | 38 km | 365 Hm | 3.00 Std.

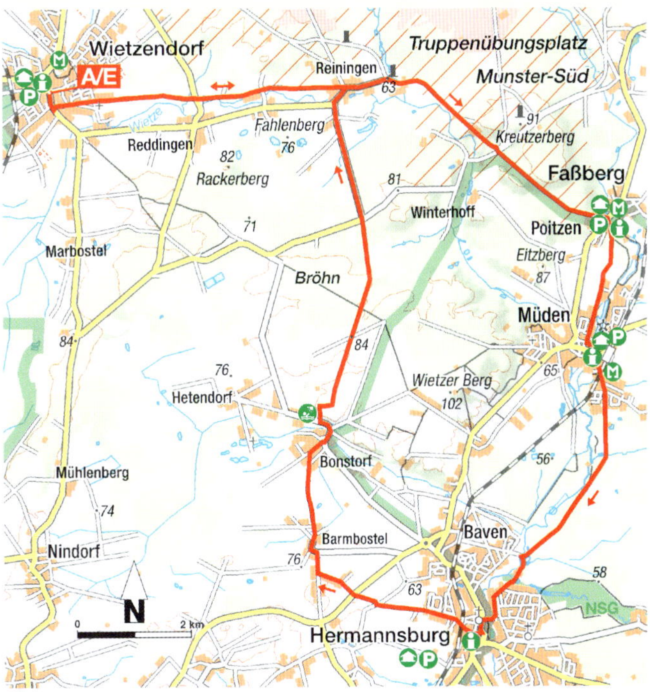

INFORMATION
www.wietzendorf.de; www.gemeinde-suedheide.de; www.touristinformation-mueden.de; www.fassberg.de

22

BÄDERROUTE

Soltau – Dorfmark – Bad Fallingbostel – Dorfmark – Mengebostel

Eine Kombination aus Radvergnügen und Badespaß für Groß und Klein bietet diese Radrunde durch das landschaftlich schöne Böhmetal zwischen Soltau und Bad Fallingbostel. Eine Wellness-Sole-Therme, ein hübsches Naturbad und ein modernes Freibad stehen unterwegs zur Auswahl.

SOLTAUER THERME Bereits am Beginn der Tour bietet die Soltauer Therme Badevergnügen für Jung und Alt im schönen Bad mit Sprungturm, Rutsche, Sport- und Kinderschwimmbecken. Eine Salzgrotte, ein Sole-Dampfbad und ein kleines Gradierwerk runden das Wellnessangebot ab. Doch zunächst wird in die Pedale getreten und vom Parkplatz bei der Therme zur Durchfahrtsstraße geradelt. Sie folgen ihr nach links, durchqueren Soltau entlang von Museen, der Touristeninformation und einem Einkaufszentrum. Nach der Überquerung des Heidebaches Soltau geht es links über den Platz, wobei Sie ab sofort immer den Radwegweisern Dorfmark und Bad Fallingbostel folgen. Nach der Unterquerung der Bahngleise leiten Sie die Radzwischentafeln rechts ins idyllische Böhmetal und an der Rückseite des Landschaftsparks Breidings Garten entlang nach Tetendorf. Ab jetzt radeln Sie durch eine stille Landschaft, in der sich Felder, Waldstücke, Pferdekoppeln, Alleen, Wiesen, traditionelle Fachwerkscheunen und -höfe abwechseln – Genuss für alle Sinne bis Dorfmark.

DORFMARKER NATURBAD Am Ortsbeginn von Dorfmark folgen Sie dem Wegweiser links nach Bad Fallingbostel. Sie unterqueren die Bahngleise, biegen nach rechts ab und treffen nach etwa einem halben Kilometer auf das Naturbad, das vom Fischdorfer Bach gespeist wird. Der kleine Badesee ist in einen Schwimmbereich mit hübschem Sandstrand und einen Bereich für Tret- und Schlauchboote unterteilt.
Zwischen Naturbad und Gleisen geht die Tour weiter und Sie überqueren die Bundesstraße geradeaus. Auf den nächsten Kilometern nach Bad Fallingbostel folgen Sie einem Wirtschafts- und Forstweg. Mit etwas Glück begegnen Sie Rotwild und Feldhasen auf Ihrem Weg. Bad Fallingbostel ist der Wendepunkt der Tour.

Tipp

LÜNEBURGER-HEIDE-ERFAHRUNG

Baden, entschleunigen oder einfach nur die Füße verwöhnen: Der Kurpark von Bad Fallingbostel ist dafür der ideale Ort, eine Ruheoase mit Liegewiesen, dem modernen Lieth-Freibad, Fitnesspark, duftendem Kräutergarten, Barfußpfad zur Massage der Fußsohlen, Spazier- und Wanderwegen im anschließenden Liethwald. Der Park ist kostenlos und rund um die Uhr zugänglich. Lediglich beim Freibad wird Eintritt verlangt. Im Sommer werden auch Bootstouren auf der Böhme angeboten.

BAD FALLINGBOSTEL Das lebhafte Kreisstädtchen Bad Fallingbostel im Böhmetal ist seit Mitte der 1970er-Jahre ein staatlich anerkanntes Kneippheilbad und darf seit 2002

Unterwegs im Böhmetal

Tipp

GUTEN APPETIT

Im Dielencafé in Bad Fallingbostel gibt es täglich ab 9 Uhr Frühstück, hausgemachte Torten und Kuchen mit Tee oder Kaffee, entweder in der liebevoll restaurierten Scheune oder im duftenden Obst- und Blumengarten.

die offizielle Bezeichnung »Bad« führen. Auf dem Weg ins Zentrum um die klassizistische Sankt-Dionysius-Kirche passieren Sie einige nette Einkehrmöglichkeiten. Am Kreisverkehr bei der Kirche halten Sie sich rechts und folgen der Straße, wobei Sie die Böhme überqueren. Rechts vom Radweg erstreckt sich der gepflegte und schön gestaltete Kurpark, der zum Verweilen einlädt.

Nach der Brücke über die Böhme steigt der Radweg ordentlich an. Sie folgen dem Wegweiser Soltau und Dorfmark und gelangen zum gepflegten Lieth-Freibad. Das solarbeheizte Freibad bietet unter anderem drei 50-Meter- und vier 25-Meter-Bahnen, ein separates Becken mit drei Sprungtürmen, eine Breitrutsche, einen Nichtschwimmerbereich mit einer 19 Meter langen Kinderrutsche sowie einen Kleinkinderbereich mit angrenzendem Spielplatz. Fürs leibliche Wohl sorgt die Caféteria.

ÜBER DORFMARK RETOUR Auf einer Etappe des Leine-Heide-Radweges radeln Sie nun durch sanft gewölbtes Agrarland ins

↓ Dorfmarker Zentrum
↘ Naturbad in Dorfmark

Zentrum von Dorfmark. Zum Essen empfiehlt sich hier das Gasthaus Meding oder das Restaurant im Hotel Deutsches Haus. Sie verlassen in Dorfmark den Leine-Heide-Radweg und folgen dann dem Radwegweiser Riepe, der vom alten Dorfkern vorbei am Fachwerkhof und Dorfbrunnen zurück an die Landstraße leitet, der Sie nach rechts folgen und die Sie dann schon bald nach links verlassen. Vor Ihnen liegt eine idyllische Strecke mit Fachwerkhöfen, alten Eichenbeständen und einer ordentlichen Steigung. Auf der Anhöhe halten Sie sich rechts nach Mengebostel über Diekhus auf Wirtschaftswegen durch eine schöne ländliche Gegend. In Mengebostel stoßen Sie nochmals auf die Landstraße. Hier geht es links an einem hübschen Gutshof vorbei und bei der nächsten Möglichkeit folgen Sie nach rechts den Radwegweisern Soltau durchs Böhmetal zurück.

INFO

HIGHLIGHT
Sehenswürdigkeit

TOURENCHARAKTER
Rundtour auf asphaltierten Nebenstraßen, Wirtschafts- und Radwegen

AUSGANGS-/ENDPUNKT
Parkplatz an der Therme, Scheibenstraße 11, Soltau

GPS-DATEN
52.990361, 9.838639

ANFAHRT
Auto: Auf der A 7 Ausfahrt 44 Soltau-Ost und dann auf der B 71
Bahn: Regionalbahn (RB) ab/bis Bremen, Hannover und Buchholz in der Nordheide
Bus: Heide-Shuttle

KOMBINIERBAR MIT
Touren 8, 11, 12, 18 und 20

E-BIKE-LADESTATION
Soltau: am Bahnhof, am Georges-Lemoine-Platz, ein paar Schritte südlich der Touristeninformation, und bei den Vermietern
Bad Fallingbostel: bei der Touristeninformation und im Campingplatz Böhmeschlucht

RADVERLEIH
Soltau: Fahrradverleih Wettig, Visselhöveder Straße 6, Facebook: Fahrradverleih/Wettig; Camping Auf dem Simpel, Auf dem Simpel 1, www.auf-dem-simpel.de

Mittel | 46 km | 259 Hm | 3.30 Std.

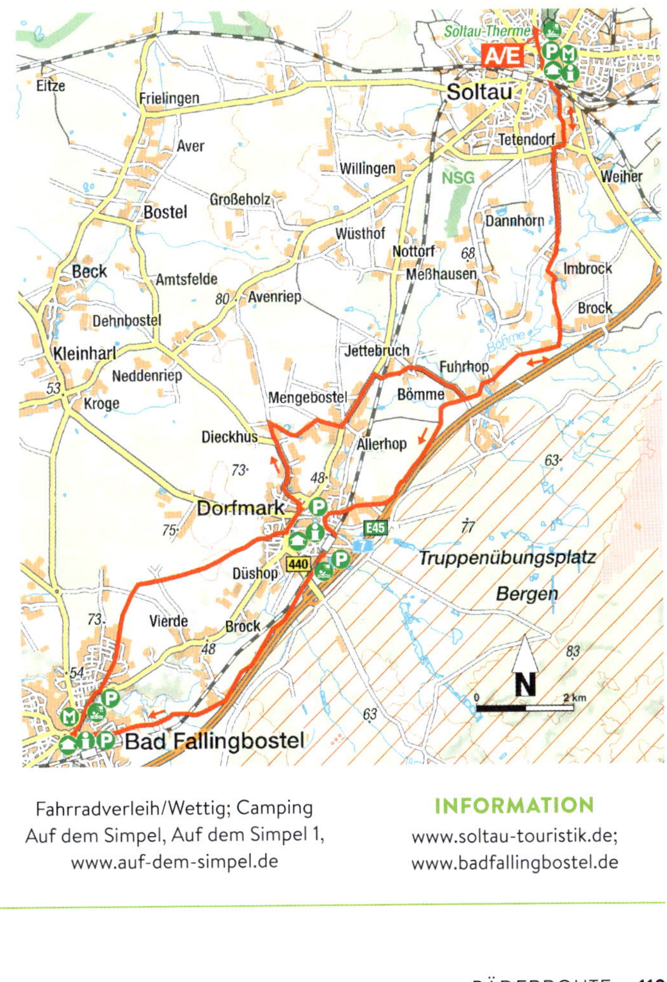

INFORMATION
www.soltau-touristik.de; www.badfallingbostel.de

ZUM KLOSTER WALSRODE

Bad Fallingbostel – Düshorn – Meinerdingen – Walsrode – Uetzingen

Stille Dörfer, interessante Kirchen, eine wunderschöne Klosteranlage und der größte Vogelpark der Welt: Diese Rundtour durch die landschaftlich und kulturell bezaubernde Region zwischen Bad Fallingbostel und Walsrode ist ein wahrer Genuss für Radlerinnen und Radler jeden Alters.

23

Kloster Walsrode

Düshorn

BAD FALLINGBOSTEL Vom Parkplatz beim Freibad lassen Sie das Rad hinunterrollen ins Zentrum von Bad Fallingbostel mit schönem Blick auf das Kreisstädtchen im idyllischen Tal der Böhme. Die Stadt ist seit Mitte der 1970er-Jahre ein staatlich anerkanntes Kneippheilbad und darf seit 2002 die offizielle Bezeichnung »Bad« führen. Links vom Radweg hinter den Bäumen versteckt sich der gepflegte Kurpark, der sich zum Schluss der Tour als Ruheoase anbietet.
Bei der Kirche halten Sie sich rechts und folgen dem Radwegweiser Walsrode-Düshorn. Kurze Zeit später biegen Sie nach links ab. Das Dorf Bockhorn ist das erste Ziel. Sie verlassen Bad Fallingbostel nach den Bahngleisen, überqueren kurze Zeit später die Bundesstraße und radeln fast parallel zur Autobahn durch Felder und Waldstücke nach Bockhorn. Gleich nach der Ortstafel von Bockhorn biegen Sie nach links zur Dorfstraße ab, der Sie nach rechts folgen, dann radeln Sie immer geradeaus weiter.

STILLE DÖRFER, SEHENSWERTE KIRCHEN
Auf einer Allee mit schönem Weitblick auf offenes Agrarland erreichen Sie Düshorn mit einer imposanten Dorfkirche, die ihr heutiges Aussehen 1720 erhalten hat. Ein Blick ins Innere lohnt wegen der Kanzel aus dem 16. Jahrhundert, der restaurierten Orgel aus dem 19. Jahrhundert und des außergewöhnlichen

Tipp

LÜNEBURGER-HEIDE-ERFAHRUNG

Der Weltvogelpark am Nordrand von Walsrode zieht seit seiner Eröffnung 1962 Groß und Klein in seinen Bann. Ständig erweitert und um heimische und exotische Vögel ergänzt, tummeln sich heute auf dem 24 Hektar großen Areal über 4000 Vögel aus 650 Arten aus der ganzen Welt. Am stärksten vertreten sind die Gefiederten aus Südamerika, Afrika und Südostasien. Lassen Sie sich in die Welt der Vögel verführen, entdecken Sie bekannte und unbekannte Arten und erleben Sie die Gefiederten hautnah wie etwa in der Freiflughalle. Gartenlandschaften, Spielplätze und Gastronomie runden das Angebot ab (www.weltvogelpark.de).

↑ Historischer Glockenturm von Düshorn
↗ Meinerdingen
→ Pause im Klostergarten Walsrode

hölzernen Engels mit Taufschale, der an einer Kette vor dem Altar hängt und für Taufen heruntergelassen wird. Im Außenbereich befinden sich alte Grabstelen und ein frei stehender hölzerner Glockenturm, der nach einem verwüstenden Brand der Kirche in einem sicheren Abstand zum Gotteshaus neu errichtet wurde. Mit dem Gasthaus am Walde bei der Kirche und dem Düshorner Hof im Ortskern gibt es zwei gute Einkehrmöglichkeiten im Dorf.

Sie verlassen Düshorn geradeaus auf dem Radweg neben der Landstraße. Nach einigen Kilometern biegen Sie rechts auf den geteerten Weg nach Rödershofen ab, wo Sie dann nach links dem Radwegweiser Meinerdingen folgen. Nach ein paar Kilometern treffen Sie auf die entzückende, im gotischen Stil des 14. Jahrhunderts neu gestaltete Kirche von Meinerdingen, die mit den umliegenden Fachwerkhöfen ein bezauberndes Ensemble bildet. An der Gabelung kurz nach der Kirche wenden Sie sich nach links und bei der Bushaltestelle gegenüber der Feuerwehr nochmals nach links (kein Radwegweiser!). Auf einem betonierten Radweg, später befestigten Kiesweg, erreichen Sie die Landstraße am Ortsrand von Walsrode, der Sie nach links folgen. Die Radzwischentafeln leiten Sie dann nach rechts über die Straße und weiter zum Kloster Walsrode im Ortszentrum.

Tipp

GUTEN APPETIT

Die größte Auswahl an Einkehrmöglichkeiten unterwegs gibt es in Walsrode, wobei die italienische Küche überwiegt. Direkt an der Radroute gegenüber dem Rathaus befindet sich das Restaurant bzw. die Pizzeria O'Sole Mio. Für Eis, Kaffee und Kuchen sind Sie im Eiscafé Venezia in der Moorstraße 44 an einer guten Adresse.

WALSRODE An der Ampel im Ortszentrum geht es nach links zur Klosteranlage. Das Rad können Sie am Kirchplatz abstellen und einen kleinen Spaziergang in der Klosteranlage Walsrode unternehmen. Das Areal ist eine Oase in der Stadt, ein Ort der Besinnung und zum Entspannen. Das Kloster ist heute ein evangelisches Damenstift mit unterschiedlichen Betätigungsfeldern.
Mit dem Kloster im Rücken geht es geradeaus bis zum historischen Rathaus, wo Sie nach rechts abbiegen und dann geradeaus dem Wegweiser Weltvogelpark folgen. Die Radzwischentafeln und Wegweiser leiten Sie durch eine Wohnsiedlung und am Weltvogelpark vorbei zur Landstraße, der Sie nach rechts auf einem separaten Radweg folgen. Nach etwa einem Kilometer biegen Sie nach rechts ab und radeln auf einem Radweg entlang der Nebenstraße über Borg, Uetzingen und Elferdingen und durchs Böhmetal zurück nach Bad Fallingbostel. Im Zentrum des Kurortes im Biergarten des Restaurants Athene am Ufer der Böhme oder im Dielencafé beim Stadthotel können Sie den Tag anschließend ausklingen lassen.

INFO

HIGHLIGHT
Sehenswürdigkeit

TOURENCHARAKTER
Rundtour auf asphaltierten Nebenstraßen, Wirtschafts- und Radwegen

AUSGANGS-/ENDPUNKT
Parkplatz beim Freibad, Soltauer Straße 23, Bad Fallingbostel

GPS-DATEN
52.871806, 9.699583

ANFAHRT
Auto: Auf der A 7 Ausfahrt 47 Bad Fallingbostel
Bahn: Regionalbahn (RB) ab/bis Hannover und Hamburg

KOMBINIERBAR MIT
Tour 22

E-BIKE-LADESTATION
Bad Fallingbostel: bei der Touristeninformation und im Campingplatz Böhmeschlucht

RADVERLEIH
Walsrode:
Anders Hotel,
Gottlieb-Daimler-Straße 11,
www.hotel-walsrode.de

Leicht | 29 km | 333 Hm | 2.00 Std.

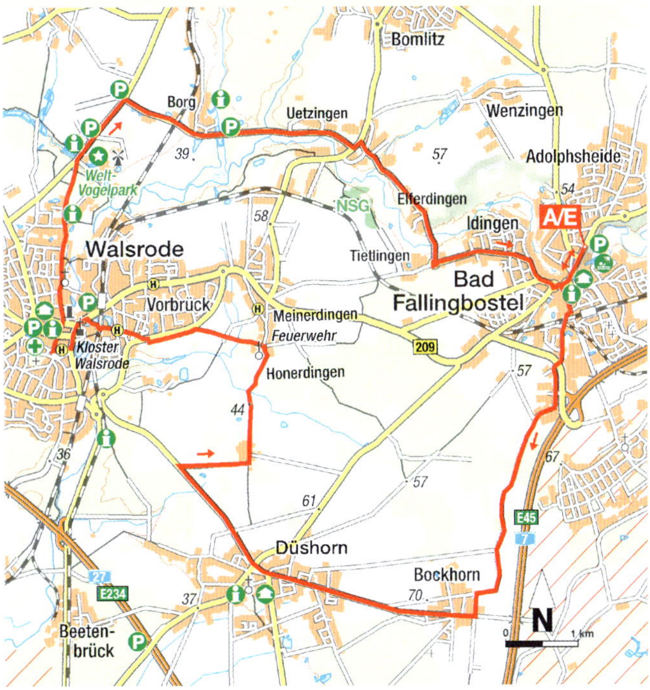

INFORMATION
www.badfallingbostel.de; www.stadt-walsrode.de; www.klosterwalsrode.de

Naturbelassener Rad- und Wanderweg in der Südheide

NATURPARK SÜDHEIDE

Hügelige Heideflächen, weite Wälder, stille Heideorte und der schönste Heidefluss

Müdener Wassermühle

24

SÜDHEIDE ERFAHREN

Müden – Poitzen – Faßberg – Schmarbeck – Oberohe – Neuohe

Eine sanft gewellte Landschaft mit Heideflächen und Agrarland, Nadelwäldern und Auen, verträumten Dörfern und interessanten Plätzen prägt das Landschaftsbild der Südheide. Besonders attraktiv ist der Norden des Naturparks – das Ziel dieser abwechslungsreichen Radrunde.

NACH FASSBERG Ein etwa 500 Quadratkilometer großes Gebiet zwischen Faßberg, Eschede, Unterlüß und Hermannsburg ist seit Mitte der 1960er-Jahre unter Naturschutz gestellt. Dieses Landschaftsschutzgebiet wird von einem Netz aus Rad- und Wanderwegen mit mehreren Knotenpunkten durchzogen. Einer dieser Punkte liegt im verträumten Müden im Tal der Örtze, wo diese Radrunde beginnt. Start ist an der historischen Wassermühle, in der sich die Touristeninformation befindet. Sie radeln von der Mühle nach rechts zur Brücke, überqueren die Örtze und folgen im historischen Ortszentrum dem Wegweiser rechts nach Poitzen auf einem Wirtschaftsweg. Ab Poitzen leiten Sie die Radwegweiser weiter nach Faßberg, einen noch sehr jungen Ort, der 1933 als Standort für die Luftwaffe gegründet wurde. Gleichzeitig mit dem Bau des Flugplatzes wurden auch die ersten Wohnviertel für das Personal errichtet.
Sie durchqueren den Ort geradeaus bis fast vor das Tor des Fliegerhorstes, der heute von der Bundeswehr benutzt wird.

ZUM WACHOLDERWALD Beim Fliegerhorst biegt die Route nach rechts ab und Sie folgen ab nun den Radwegweisern Schmarbeck, später jenen zum Wacholderwald. Sie radeln am Luftbrückenmuseum vorbei, ignorieren dann die Radzwischentafel nach links und radeln einfach geradeaus weiter bis zur Nebenstraße, der Sie nach links folgen. Auf einer schönen Allee erreichen Sie das idyllische Schmarbeck, wo die ausgeschilderte Radroute und unsere Alternativroute wieder aufeinandertreffen.
Nach Schmarbeck geht es Richtung Wacholderwald im Naturpark Südheide. Auf einem Wirtschaftsweg durchqueren Sie zunächst offenes Agrarland und stoßen auf einen Parkplatz mit schönen Rastplätzen am Rande des Naturparks. Hier beginnt für die

Tipp

LÜNEBURGER-HEIDE-ERFAHRUNG

Das Luftbrückenmuseum in Faßberg erinnert mit einer eindrucksvollen Ausstellung an die Nachkriegszeit, als die Amerikaner und Briten im Juni 1948 eine Luftbrücke zwischen dem Fliegerhorst Faßberg und Westberlin errichteten, um die russische Blockade der Stadt zu umgehen. Fast ein Jahr lang gab es täglich weit über 400 Flüge, womit Lebensmittel, Medizin, aber auch Kohle für die Stromerzeugung und zum Heizen transportiert wurden. Eines dieser Transportflugzeuge, eine Douglas C 47 A Dakota, befindet sich im Außengelände und dient zugleich auch als Standesamt für die Gemeinde Faßberg (www.luftbrueckenmuseum.de).

Schmarbeck

↑ Historischer Ziehbrunnen in Müden
↗ Luftbrückenmuseum
→ Blühende Heidelandschaft

Radler ein schmaler Kiesweg neben der sandigen Heidestraße und schon bald geht es in einem Bogen nach rechts durch die bezaubernde Heidelandschaft mit schönen Ausblicken auf den Wacholderwald und die Dübelsheide.

Tipp

GUTEN APPETIT

Hoffmann's Backhus im Müdener Ortszentrum nahe der Örtze bietet eine große Auswahl an Backwaren, Kuchen und Torten, die man mit Kaffee auf der teils schattigen Terrasse genießen kann. Öffnungszeiten beachten!

DURCH DIE GROSSE HEIDE Kurz vor der Ferienanlage tauchen Sie in den Wald ein, der Sie bis zur Landstraße bei Oberohe begleitet. Oberohe war bekannt als Abbaugebiet für Kieselgur, das »weiße Gold« der Südheide. Der Kieselgur-Lehrpfad informiert anhand von Schautafeln und einigen Objekten über die Geschichte der Kieselgurgewinnung. Nach der Überquerung der Straße und der Einkehrmöglichkeit Zur Heidehexe passieren Sie am Parkplatz Oberoher Heide einen schönen Rastplatz für Radler und Wanderer. Ab hier folgen Sie den Radwegweisern Richtung Unterlüß und es geht mit einer ordentlichen Steigung durch die Oberoher oder Große Heide hinauf zu einer Wegkreuzung, wo Sie rechts dem Radwegweiser Müden folgen. Die Radtour führt auf teils losem, teils befestigtem Untergrund über den Hesterberg und später über den 115 Meter hohen Haußelberg quer durch die hübsche, weitläufige Landschaft der Großen Heide – eine anspruchsvolle Strecke mit tollen Fernsichten. Vor allem zur Blütezeit im August und September ist die Heide eine Augenweide zu jeder Tageszeit.

ZURÜCK NACH MÜDEN Vom Haußelberg können Sie das Rad schließlich gemütlich hinunterrollen lassen. Sie halten sich an der Gabelung links Richtung Gerdahaus. Beim Wanderparkplatz Gerdahaus folgen Sie nicht dem Radwegweiser nach Müden, denn diese Route führt über einen sehr schlechten Forstweg mit losem, sandigem Untergrund. Stattdessen radeln Sie geradeaus Richtung Schmarbeck bis zur Landstraße und nehmen dann den schattigen Radweg entlang der Straße links nach Müden zurück. Gemütliche Einkehrmöglichkeiten warten auf Sie im schmucken, alten Heideort, der sogenannten »Perle der Südheide«.

INFO

HIGHLIGHT
Naturparadies

TOURENCHARAKTER
Rundtour auf asphaltierten Nebenstraßen und Radwegen sowie teils mit Kies befestigten Heide- und Forstwegen

AUSGANGS-/ENDPUNKT
Parkplatz bei der Touristeninformation (historische Wassermühle), Unterlüßer Straße 5, Müden

GPS-DATEN
52.877111, 10.122806

ANFAHRT
Auto: Auf der B 71 und dann ab Dethlingen weiter auf der L 240

KOMBINIERBAR MIT
Touren 25, 26 und 29

E-BIKE-LADESTATION
Bei den Vermietern

RADVERLEIH
Faßberg: Oberohe 25, www.campingheidesee.com; Gaby's Bootsverleih, Fuchsbau 9, www.bootsverleih-gaby.de

INFORMATION
www.touristinformation-mueden.de; www.fassberg.de

Mittel | 29 km | 283 Hm | 2.30 Std.

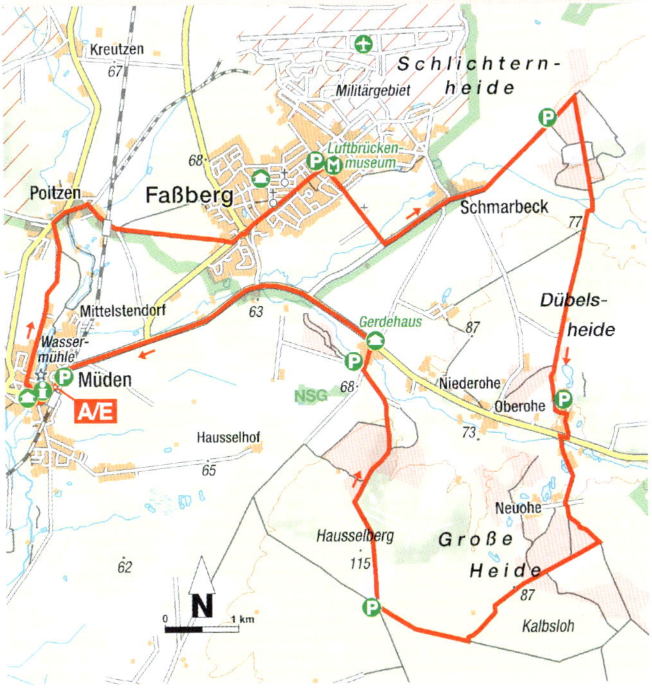

ZUM WIETZER BERG

Müden – Weesen – Hermannsburg – Bonstorf

Vom wundervollen Heideort Müden an der Örtze schlängelt sich diese Tour durch eine abwechslungsreiche Radlandschaft mit ebenem Gelände, herausforderndem Hügelland, Flusslandschaften, Wald- und Heideflächen. Glanzpunkt ist der Wietzer Berg mit grandioser Aussicht auf die Südheide.

25

Heide am Wietzer Berg

Park- und Rastplatz Wietzer Berg

BEZAUBERNDER AUSGANGSPUNKT Das wunderschöne Müden an der Örtze mit von traditionellen Fachwerkhöfen gesäumten Straßen und Gassen, mit einer typischen Heidekirche, knorrigen Eichen und einladenden Gastronomiebetrieben ist der Ausgangspunkt dieser Radrunde. Die Atmosphäre des Heidedorfes verzaubert jeden Besucher. Startpunkt ist die alte, wunderschön restaurierte Wassermühle am Heidefluss Örtze. Dahinter erstreckt sich inmitten eines gepflegten Parks ein Heidesee, dessen Besuch Sie sich vielleicht zum Abschluss der Tour aufheben sollten. Die Radtour führt zur Brücke über die Örtze und kurz vor ihr nach links Richtung Hermannsburg durch den Westen des Naturparks Südheide, der hier von Wald und der Flusslandschaft der Örtze geprägt wird.

NATUR UND KULTUR Am Ortsbeginn von Hermannsburg folgen Sie nach links dem Radwegweiser Weesen. Die Route überquert nun einen schönen Heidebach und führt Sie durch das reizvolle und waldreiche Naturschutzgebiet Weesener Bach nach Weesen. Sie durchqueren das nette Dorf mit seinen Gehöften und alten Eichenbeständen, vorbei

Tipp

LÜNEBURGER-HEIDE-ERFAHRUNG

Zum Gedenken an den Journalisten, Schriftsteller, Naturforscher, Naturschützer und Heidedichter Hermann Löns (1866–1914) wurde auf dem 102 Meter hohen Wietzer Berg zwischen Hermannsburg und Müden der sogenannte Lönsstein errichtet. Das schön gestaltete Denkmal in herrlicher Heidelandschaft mit schöner Aussicht hat sich zu einem beliebten Ausflugsziel und Wahrzeichen der Gegend entwickelt. Bestimmt sehenswert und der Weg vom Parkplatz zum Denkmal ist gerade mal einen halben Kilometer lang.

↑ Agrarland bei Hermannsburg
↗ Naturschutzgebiet Weesener Bach

am historischen Ziehbrunnen zur Ortsmitte von Hermannsburg. Auf dem Weg dorthin passieren Sie das Ludwig-Harms-Haus, ein ehemaliges, durch den Theologen Ludwig Harms (1808–1865) gegründetes Missionshaus, mit unter anderem einem netten Café, das zu einem ersten Stopp einlädt. Gegenüber befindet sich auf dem Gelände des ehemaligen Hofes des Missionshauses ein Heimatmuseum.
Im Stadtzentrum begegnen Sie der Örtze wieder, an deren Ufer hier ein gepflegter kleiner Park angelegt wurde. Blickfang im Zentrum von Hermannsburg sind zwei imposante Kirchen: die backsteinerne Große Kreuzkirche und die weiße Dorfkirche. Beide Kirchen lohnen einen Blick ins Innere. Auf der Höhe der weißen Dorfkirche lenken Sie nach links, vorbei am Biergarten und folgen dabei dem Radwegweiser Wietzendorf. Auf einer ruhigen Nebenstraße durch Agrarlandschaft verlassen Sie schließlich Hermannsburg.

EINE HERAUSFORDERNDE STRECKE

Der nächste Abschnitt führt Sie mit ordentlicher Steigung aus dem Tal der Örtze hinaus. Sie schwenken auf der Anhöhe angekommen rechts nach Barmbostel und überqueren dabei die Landstraße geradeaus. Das kleine Dorf Barmbostel durchqueren Sie an einem netten, schattigen Radrastplatz entlang und radeln mit Fernsichten zum nächsten Dorf: Bonstorf. Ab hier folgen Sie dem Wegweiser Wietzendorf nach links an der Nebenstraße entlang bis zum schattigen Badeteich am Ortsausgang mit einem Spiel- und Grillplatz. Direkt vor dem Badeteich biegen Sie nach rechts auf den zunächst holprigen Wirtschaftsweg Richtung Lönsstein ein und es geht nochmals mit einer ordentlichen, kurzen Steigung hoch.
Die Radroute verläuft dann auf einem asphaltierten Wirtschaftsweg über den Backeberg mit modernen Windmühlen und bietet schöne Weitblicke auf das Agrarland und den Naturpark Südheide. Bei klarem Wetter ist sogar der Haußelberg zu sehen, mit 118 Metern eine der höchsten Erhebungen im Naturpark. Etwas schwieriger lassen sich einige Hügelgräber erkennen, die sich nahe des Wegesrandes in der Landschaft verstecken. Der Wirtschaftsweg leitet Sie in einem Bogen und begleitet von schönen Panoramablicken allmählich hinunter nach Willighausen. Hier folgen Sie der Landstraße nach links zum Parkplatz Lönsstein.

WIETZER BERG UND LÖNSSTEIN Der sanfte, etwa 102 Meter hohe Wietzer Berg ist mit seiner Heidelandschaft ein beliebtes Ausflugsziel im Naturpark Südheide mit einer wundervollen Aussicht auf die Südheide und das Örtzetal. Es empfiehlt sich, das Rad beim Parkplatz abzustellen und einen kurzen Spaziergang zum Lönsstein am Wietzer Berg zu machen. Sie können den naturbelassenen, etwas anspruchsvolleren Weg auch mit dem Rad hochfahren. Neben einem schönen Panoramablick erwartet Sie oben der Lönsstein zur Erinnerung an den Heidedichter Hermann Löns. Der urige Kiosk am Parkplatz lädt danach noch zum Einkehren ein, bevor Sie die Landstraße überqueren und durch die Felder nach Müden zurückradeln.

Tipp

GUTEN APPETIT

Das Café-Restaurant im Ludwig-Harms-Haus in Hermannsburg ist ein beliebter Treffpunkt. In nettem Ambiente genießen Sie Fair-Trade-Kaffee und -Tee mit Kuchen oder den preisgünstigen Mittagstisch, bevorzugt biologisch und mit Produkten aus der Region.

INFO

HIGHLIGHT
Sehenswürdigkeit

TOURENCHARAKTER
Rundtour auf asphaltierten Nebenstraßen und Radwegen sowie teils mit Kies befestigten Heide- und Forstwegen

AUSGANGS-/ENDPUNKT
Parkplatz bei der Touristeninformation (historische Wassermühle), Unterlüßer Straße 5, Müden

GPS-DATEN
52.877111, 10.122806

ANFAHRT
Auto: Auf der B 1 und dann ab Dethlingen weiter auf der L 40

KOMBINIERBAR MIT
Touren 24, 26 und 29

E-BIKE-LADESTATION
Bei den Vermietern

RADVERLEIH
Faßberg: Oberohe 25, www.campingheidesee.com; Gaby's Bootsverleih, Fuchsbau 9, www.bootsverleih-gaby.de
Hermannsburg: Wiecheler Weg 1, Weesen, knoop-fahrraeder.jimdosite.com

Leicht	23 km	219 Hm	1.30 Std.

INFORMATION
www.touristinformation-mueden.de; www.gemeinde-suedheide.de

Am Ufer der Örtze

26

MISSELHORNER HEIDE UND TIEFENTAL

Müden – Weesen – Tiefental – Hermannsburg

Die Natur der Misselhorner Heide und des Tiefentales im Zentrum des Naturparks Südheide steht im Mittelpunkt dieser leichten, gemütlichen Radtour. Mit ihrer herben Schönheit und ihren sanften Hügeln gehören die ineinander übergehenden Naturgebiete zu den schönsten Heideflächen im Naturpark.

START AN DER WASSERMÜHLE Startpunkt der Radtour ist die historische, wundervoll restaurierte Wassermühle am Ufer der Örtze im Zentrum von Müden. Die ehemalige Säge- und Kornmühle beheimatet heute die Touristeninformation und ist auch der Anfang eines kostenlosen Audiowalks. Dieser informative Spaziergang führt Sie mithilfe eines QR-Codes durch das Dorf entlang von historischen Höfen, Speichern, Scheunen und weiteren Sehenswürdigkeiten. Aber zuerst treten Sie in die Pedale und beachten Sie noch vor der Brücke über die Örtze den Radwegweiser nach links Richtung Hermannsburg. Die Radtour führt Sie nun durch das landschaftliche reizvolle Tal der Örtze. Der Fluss entspringt im Norden des Naturparks Südheide und zeigt hier bei Müden eine idyllische, ursprüngliche Seite. Im Wald biegen Sie schon bald nach rechts ab und radeln über Wald- und Wirtschaftswege weiter nach Weesen. Im Ort angelangt, verläuft die Route nach rechts weiter, vorbei an alten Gehöften und knorrigen Eichen zum fotogenen historischen Ziehbrunnen mitten im beschaulichen Dorf. Hier schwenken Sie nach links auf den asphaltierten Wirtschaftsweg zur Misselhorner Heide.

Tipp

LÜNEBURGER-HEIDE-ERFAHRUNG

Müden an der Örtze wird auch als »Perle der Lüneburger Heide« bezeichnet – und das mit Recht, denn der 1000 Jahre alte charmante Ort ist ein architektonisches Juwel. In der Alten Dorfstraße, der Hauptstraße und der Sandstraße etwa befinden sich jahrhundertealte Hofanlagen mit Wohnstallhaus (Hallenhaus), Scheunen, Ställen und Treppenspeichern in der typischen Fachwerkbauweise. Blickfänger sind zudem die einstige Sägemühle an der Örtze von 1435, der Ziehbrunnen auf dem Smedtshof von 1767 und die Kirche Sankt Laurentius aus dem 12. Jahrhundert. Rad abstellen und einfach durch den Ort spazieren!

Biergarten in Hermannsburg

Unterwegs auf gut ausgebautem Forstweg

HEIDSCHNUCKEN BEGEGNEN An der Landstraße überqueren Sie die Straße zum Parkplatz Misselhorner Heide. Ein schöner Rastplatz mit Picknickbänkchen und -tischen am Rand der Heide eignet sich bestens für eine erste Pause. In der Misselhorner Heide wird wie fast überall in der Region eine Heidschnuckenherde zur Pflege der Landschaft täglich eingesetzt. Der traditionelle Schafstall Misselhorner Heide befindet sich in unmittelbarer Nähe des Parkplatzes. Mehrmals in der Woche können Sie hier etwa ab 17 Uhr den Eintrieb der Heidschnuckenherde hautnah miterleben und zugleich erfahren Sie vom Schäfer oder der Schäferin vieles über die Heide und die Schafzucht, ein besonderes Erlebnis. Sie haben aber auch gute Chancen, den Heidschnucken auf Ihrem weiteren Weg zu begegnen.

Die Route führt vom Parkplatz auf dem Radweg im Auf und Ab durch die Heide des Tiefentales. Die beiden Heideflächen gehen fließend ineinander über. Das Tiefental, ein tiefes und einige Hundert Meter breites Trockental, beeindruckt mit seiner Landschaft, Aussicht und Ruhe. Das Gebiet lockt relativ wenig Besucher an. Bänkchen am Wegesrand laden auch mal ein, anzuhalten, um die Stille und die Natur zu genießen. Stellen Sie sich vor, wie der Hermannsburger Pastor Ludwig Harms im 19. Jahrhundert vor dieser Landschaftskulisse unter der Sommersonne seine Predigt für eine große Schar Gläubiger abhielt.

Tipp

GUTEN APPETIT

Zum Einkehren unterwegs eignet sich Hermannsburg. Beliebt bei Radfahrern ist das Café Bacio im Zentrum für Kaffee mit Kuchen oder leckeres Eis. Für warme Küche ist Ohlendorfs Gasthaus mit schönem Biergarten gegenüber der Kirche eine gute Option.

WALDREICHE STRECKE Durch einen Wald erreichen Sie schließlich den Wanderparkplatz Eicksberg/Tiefental und Sie gelangen nach rechts Richtung Angelbecksteich zur T-Kreuzung und zu einem Radrastplatz.

Hier folgen Sie dem Radwegweiser nach rechts und gelangen durch Wald und Wiesen nach Hermannsburg hinein. Im Ortszentrum begegnen Sie der Örtze wieder. Von der Brücke haben Sie einen schönen Blick auf den Fluss und den gepflegten Örtzepark am Ufer. Die Radroute verläuft an der nächsten Ampelkreuzung rechts durch das Zentrum, wo Sie auf einige nette Einkehrmöglichkeiten treffen. Hermannsburgs Silhouette wird von zwei auffallenden und sehenswerten Kirchen bestimmt: der weißen Kirche Sankt Peter und Paul und der backsteinernen Großen Kreuzkirche.

Von Hermannsburg führt die Radroute nach Müden zurück. An der Großen Kreuzkirche halten Sie sich rechts und überqueren nochmals den Fluss. Die Radzwischentafeln leiten Sie nun zum Ortsrand und durch das vom Wald geprägte Örtzetal nach Müden, eine herrliche Strecke zum Abschluss. In einem der Gastronomiebetriebe in Müden können Sie dann den Radtag gemütlich ausklingen lassen.

INFO

HIGHLIGHT
Naturparadies

TOURENCHARAKTER
Rundtour auf asphaltierten Nebenstraßen und Radwegen sowie teils mit Kies befestigten Heide- und Forstwegen

AUSGANGS-/ENDPUNKT
Parkplatz bei der Touristeninformation (historische Wassermühle), Unterlüßer Straße 5, Müden

GPS-DATEN
52.877111, 10.122806

ANFAHRT
Auto: Auf der B 71 und dann ab Dethlingen weiter auf der L 240

KOMBINIERBAR MIT
Touren 24, 25 und 29

E-BIKE-LADESTATION
Bei den Vermietern

RADVERLEIH
Faßberg: Oberohe 25, www.campingheidesee.com; Gaby's Bootsverleih, Fuchsbau 9, www.bootsverleih-gaby.de
Hermannsburg: Wiecheler Weg 1, Weesen, knoop-fahrraeder.jimdosite.com

INFORMATION
www.touristinformation-mueden.de; www.gemeinde-suedheide.de

Leicht | 25 km | 144 Hm | 1.30 Std.

NACH BERGEN-BELSEN

Hermannsburg – Bergen – Bergen-Belsen – Hünenburg

Diese etwas anspruchsvolle Radrunde leitet Sie quer durch das sanfte Hügelland zwischen Hermannsburg und Bergen. Hauptziel ist die Gedenkstätte Bergen-Belsen in den Wäldern der südlichen Lüneburger Heide: ein ergreifender Ort, für den Sie sich während Ihres Aufenthaltes in der Region Zeit nehmen sollten.

27

Heimatmuseum Bergen

Fachwerkhaus im Bergener Zentrum

START IN HERMANNSBURG Vom Parkplatz beim Rathaus in Hermannsburg, in dem auch die Touristeninformation untergebracht ist, durchqueren Sie den Ort nach rechts auf der Durchfahrtsstraße und folgen dabei den Radwegweisern Bergen-Beckedorf. Kurze Zeit später leiten Sie die Radtafeln nach rechts und kurz nach dem Supermarkt erneut nach rechts. Sie folgen nun dem Wegweiser Bergen über Grauen und radeln mit leichtem Anstieg durch die offene Agrarlandschaft und über den Grauen Berg. An der Gabelung beim Hof Grauen rechts halten und danach immer geradeaus auf Wirtschaftswegen weiterradeln. Sie gelangen so ins ruhige Dohnsen, wo am Ortsbeginn nach rechts eine Tafel zum Großsteingrab von Siddernhausen weist. Das durchaus sehenswerte Megalithgrab aus der Jungsteinzeit befindet sich auf einem Hügel zwischen Dohnsen und Siddernhausen. Eine Schautafel informiert Sie über seine Geschichte.
Ab der Abzweigung zum Großsteingrab geht es mehr oder weniger immer geradeaus durch Dohnsen und Wohlde nach Bergen hinein.

ORTSKERN VON BERGEN Sie radeln direkt auf die Sankt-Lamberti-Kirche im Ortskern von Bergen zu und gelangen so auch zum Friedensplatz rechts neben der Kirche.

Tipp

LÜNEBURGER-HEIDE-ERFAHRUNG

Als am 15. April 1945 britische Soldaten das Konzentrationslager Bergen-Belsen befreiten, bot sich ihnen ein Bild des Grauens. An verschiedenen Stellen im Lager stapelten sich die Leichen von rund 60 000 völlig ausgemergelten Inhaftierten. Etwa 72 000 Menschen kamen im Lager ums Leben, darunter auch Anne Frank und ihre Familie. Die Gedenkstätte ist einer der Orte gegen das Vergessen mit einem modernen Dokumentationszentrum mit Fotos, Texttafeln und Videointerviews. Im Außenbereich wurden Wege zwischen Mahnmalen, Massengräbern und Resten von Lagerbauten angelegt – ein tief erschütternder Rundgang!

↑ Stille Radlandschaft
↗ Gedenkstätte und …
→ … Informationszentrum Bergen-Belsen

Am gleichen Platz, gegenüber der Kirche, steht ein reizvoller und sehenswerter Fachwerkhof. In der historischen Hofanlage ist ein Heimat- und Geschichtsmuseum untergebracht. Ein gemütliches Café nebenan lädt auf eine Pause ein. Beachtenswert auf dem Platz ist auch die Anne-Frank-Friedenskastanie. Der Baum wurde in Bergen gepflanzt, in Anlehnung an den von Anne Frank geliebten Kastanienbaum, den sie vom Dachfenster ihres Versteckes in einem Amsterdamer Hinterhof sehen konnte. Anne Frank starb in Bergen-Belsen.
Mit dem Museum im Rücken radeln Sie rechts an der Kirche vorbei und folgen dem Wegweiser Bergen. Die Radzwischentafeln leiten Sie durch den alten Ortskern, wo einige schöne Häuserensembles erhalten sind. Sie gelangen an die Belsener Straße, der Sie nach links auf einem separaten Radweg folgen.

ORTE GEGEN DAS VERGESSEN Auf der Radstrecke nach Bergen-Belsen können Sie einen Abstecher zum Mahnmal »Rampe Bergen-Belsen« machen. Ein Teil der ehemaligen Verladerampe steht unter Denkmalschutz und wurde 2002 um eine originalgetreue Rampe ergänzt, wo ein Eisenbahnwaggon aufgestellt wurde – einer der Orte gegen das Vergessen.
Immer der Landstraße folgend, durch Agrarland und vorbei an einer Militärzone, erreichen Sie die Gedenkstätte Bergen-Belsen. Das im weitläufigen Wald gelegene, ehemalige Lager ist frei zugänglich. Am Anne-Frank-Platz betreten Sie das riesige Gelände, das unter anderem mit seinen Gräbern, Mahnmalen, Fundamenten und der über dem gesamten Areal liegenden Stille enorm beeindruckt.

ZURÜCK NACH HERMANNSBURG Von der Gedenkstätte geht es zunächst auf dem gleichen Radweg entlang der Landstraße wieder zurück Richtung Bergen. In Belsen verlassen Sie die Landstraße nach rechts und folgen dem Radwegweiser Bergen. Auf einem Wirtschaftsweg über den Goldberg kehren Sie zurück nach Bergen. Im Ort überqueren Sie die Gleise und folgen nach rechts dem Wegweiser Huxahl. Nun immer geradeaus radelnd, verlassen Sie Bergen auf dem Radweg entlang der Straße. Im leichten Auf und Ab durch das Hügelland erreichen Sie das Dorf Hünenburg. Hier biegen Sie nach links ab, wobei Sie die Radzwischentafel geradeaus ignorieren. Am Ortsrand geht es dann nach rechts Richtung Huxahl mit schönen Ausblicken auf die abwechslungsreiche Landschaft.

An der Landstraße angekommen, halten Sie sich links und biegen kurz danach rechts auf den Wirtschaftsweg nach Oldendorf ein. Sie durchqueren das beschauliche Dorf mit einigen netten Einkehrmöglichkeiten und radeln an der Kreuzung geradeaus auf der Nebenstraße zurück nach Hermannsburg.

Tipp

GUTEN APPETIT

Einkehrmöglichkeiten für einen kurzen Stopp gibt es in Bergen am Friedensplatz mit dem Café am Museum, für Hungrige das italienische Restaurant Pizzeria Da Peppe, auch mit vegetarischen und veganen Gerichten, sowie das Sommercafé im Rabehof in Oldendorf.

INFO

HIGHLIGHT
Sehenswürdigkeit

TOURENCHARAKTER
Rundtour auf asphaltierten Nebenstraßen und Radwegen

AUSGANGS-/ENDPUNKT
Parkplatz beim Rathaus, Am Markt 5, Hermannsburg

GPS-DATEN
52.832056, 10.087333

ANFAHRT
Auto: Auf der A 7 Ausfahrt 45 Soltau-Süd, dann auf der B 3 nach Bergen und von dort auf der L 240 weiter

KOMBINIERBAR MIT
Touren 25, 26 und 28

E-BIKE-LADESTATION
Bei den Vermietern

Mittel | 38 km | 243 Hm | 2.30 Std.

RADVERLEIH
Hermannsburg: Wiecheler Weg 1, Weesen, knoop-fahrraeder.jimdosite.com
Bergen: Profile 2rad Eilmes, Am Falksmoor 3, www.profi2rad-eilmes.de
Faßberg: Wietzendorfer Weg 19, www.fahrradverleih-suedheide.de

INFORMATION
www.gemeinde-suedheide.de; bergen-belsen.stiftung-ng.de

Radroute durch Eversen

28

DURCHS ÖRTZETAL

Hermannsburg – Oldendorf – Eversen – Sülze – Oldendorf

Auf dieser landschaftlich reizvollen Rundtour durch den Naturpark Südheide erfahren Sie die Schönheit und Stille des Örtzetales. Der kurvenreiche Heidefluss, Auen, Wälder und Wiesen, beschauliche Heideorte und historische Fachwerkhöfe bestimmen die bezaubernde Radlandschaft.

DER SCHÖNSTE HEIDEFLUSS Ursprünglich, naturbelassen und idyllisch: Die Örtze gilt als der schönste und bekannteste Fluss der Lüneburger Heide. Mit dem Status als Naturschutzgebiet ist die Zukunft seiner Flusslandschaft gesichert. Von seinem Quellgebiet im Norden des Naturparks Südheide bahnt der Heidefluss sich einen schleifenförmigen Weg durch das Örtzetal mit seinen Wäldern und Wiesen. Er passiert Munster, nimmt bei Müden den Heidebach Wietze auf und sucht sich seinen Weg weiter gen Süden durch Hermannsburg, Oldendorf und Eversen, bis er schließlich in die Aller mündet. Die Radtour durch das Örtzetal startet in Hermannsburg am Rathaus. Ab hier folgen Sie dem Radwegweiser Richtung Misselhorner Heide. Beim Überqueren der Örtze am Rande des Zentrums bietet sich ein erster Blick auf den Heidefluss. Die Route verläuft nun geradeaus stadtauswärts bis zur Fußgängerampel. Hier überqueren Sie die Straße und halten sich schräg nach links am Radwegweiser Oldendorf über Lübke. Bald verlassen Sie Hermannsburg und der Radweg taucht in den Wald ein.

DURCH DAS ÖRTZETAL Die nächste Strecke durchquert das Örtzetal nach Oldendorf, einen traditionellen Ort, den Sie am Rand streifen. Hier bekommen Sie auch die Örtze wieder deutlich zu sehen. Der Radweg folgt dem Fluss weiter nach Eversen und führt am wunderschönen Fachwerkhof Beutzen entlang, quer durch einen stillen, schattigen Wald, charakteristisch für das mittlere Örtzetal und den Naturpark Südheide. Die Heideflächen wurden im Zentrum und im Süden des Naturparks durch jahrzehntelange Aufforstungsprojekte größtenteils verdrängt. Sie verlassen den Wald schließlich auf einer Nebenstraße nach rechts, überqueren die Örtze und schwenken gleich wieder rechts nach Eversen hinein. Sowohl an der Brücke

Tipp

LÜNEBURGER-HEIDE-ERFAHRUNG

Mitte des 14. Jahrhunderts wurde Sülze erstmals als Op dem Solte, »Auf dem Salz«, erwähnt. Der Ortsname verweist auf Salzvorkommen im Heideboden hin. Die Saline Sülze sicherte rund 500 Jahre lang Arbeitsplätze in der Saline und im Siedehaus für die Bewohner des Dorfes und der Umgebung, die damit zu bescheidenem Wohlstand kamen. 1862 wurde im Zuge einer umfangreichen Agrarreform die Saline stillgelegt. Das 2012 eröffnete kleine Salinenmuseum zeigt anhand von Bildern, Werkzeugen und Schrifttafeln die Geschichte der Salzgewinnung in und um Sülze.

Forstweg im Örtzetal

Malerische Flusslandschaft

als auch im Dorf am Mühlenteich wurden schöne Rastplätze für Radfahrer und Wanderer angelegt. Während einer Pause können Sie die Natur oder den Charme des von Fachwerk geprägten Dorfes genießen. Eversen ist der Wendepunkt der Radroute. Im Dorf an der Gabelung geht es links weiter zum am Rande des Naturparks gelegenen Dorf Sülze.

Tipp

GUTEN APPETIT

Im gut besuchten Laden des Rabehofes in Oldendorf gibt es diverse Produkte aus eigenem Anbau. Im Juni und Juli haben Früchte Saison: Himbeeren, Heidelbeeren und Erdbeeren zum Selberpflücken sowie hausgemachte Fruchtaufstriche, Frucht- und Gemüsesäfte.

ZUM VERWEILEN Die Radztafeln leiten Sie in Sülze Richtung der alten, weiß getünchten Fachwerkkirche. Die Geschichte von Sülze und der Ortsname sind unzertrennlich mit der Salzgewinnung verbunden. Einkehren können Sie im Ortszentrum beim Café Up der Sülze, direkt am Radweg. Die Radtour führt vom Café nach rechts weiter Richtung Huxahl und am Ende des örtlichen Radweges nach rechts auf eine Etappe der Via Romea Germanica, eines jahrhundertealten, etwa 2200 Kilometer langen Pilgerweges von Stade bis nach Rom. Auf Wirtschaftswegen über die Bauerschaften Lindhorst und Huxahl erreichen Sie wieder Oldendorf, das sich jetzt von seiner schönsten Seite zeigt. Alte Baumbestände, Fachwerkhöfe und verschiedene Hofläden säumen den Radweg. An der Kreuzung im Ort rechts Richtung Eschede haltend, passieren Sie den romantischen Rabehof mit Hofladen und beliebtem Sommercafé. Zum Einkehren lädt auch das Landhotel Gutshof im Örtzetal mit Biergarten an der anderen Straßenseite ein.

AN DEN TEICHEN Nach einer eventuellen Pause in Oldendorf radeln Sie weiter auf dem Radweg an der Nebenstraße Richtung Eschede entlang und überqueren dabei nochmals die Örtze. Etwas weiter weg schimmert zwischen den Bäumen das Wasser der Oldenburger Kiesteiche hindurch. An den Teichen lassen sich einige schöne Plätzchen finden, um die Natur und den Blick auf das glasklare Wasser in aller Ruhe zu genießen. An der Kreuzung rechts führt ein Abstecher zum Angelbecksteich, angelegt als Löschsee für die angrenzenden kleinen, aber feinen Heideflächen. Die Radtour führt an der Kreuzung allerdings nach links weiter durch den Wald zurück nach Hermannsburg.

INFO

HIGHLIGHT
Naturparadies

TOURENCHARAKTER
Rundtour auf asphaltierten Nebenstraßen, Rad- und Kieswegen

AUSGANGS-/ENDPUNKT
Parkplatz beim Rathaus, Am Markt 5, Hermannsburg

GPS-DATEN
52.832056, 10.087333

ANFAHRT
Auto: Auf der A 7 Ausfahrt 45 Soltau-Süd, dann auf der B 3 nach Bergen und von dort auf der L 240 weiter

KOMBINIERBAR MIT
Touren 25, 26 und 27

E-BIKE-LADESTATION
Bei den Vermietern

RADVERLEIH
Hermannsburg: Wiecheler Weg 1, Weesen, knoop-fahrraeder.jimdosite.com
Bergen: Profile 2rad Eilmes, Am Falksmoor 3, www.profi2rad-eilmes.de

INFORMATION
www.gemeinde-suedheide.de

Leicht | 30 km | 129 Hm | 2.00 Std.

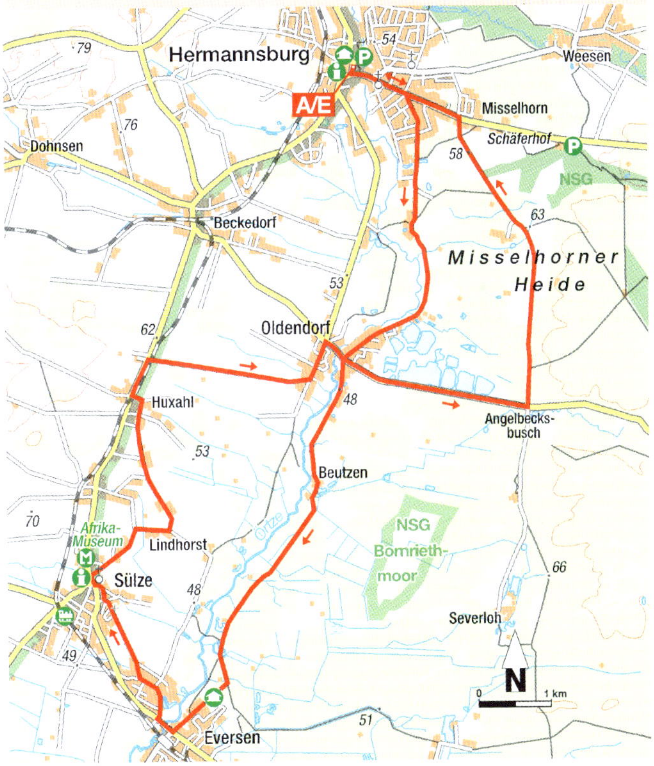

OBEROHER HEIDE

Unterlüß – Oberohe – Faßberg – Müden – Hermannsburg – Weesen – Lutterloh

Die Heidelandschaften der Südheide erstrecken sich vor allem im sanft hügeligen Norden des Naturparks im Dreieck Unterlüß–Faßberg–Hermmansburg. Diese Route führt Sie durch große und kleinere Heideflächen: stille Naturgebiete, die nicht nur während der Heideblüte im Sommer faszinieren.

Reizvoll auch außerhalb der Blütezeit

29

Naturbelassener Heideradweg

STARTPUNKT Am Ostrand des Naturparks Südheide liegt das ruhige Unterlüß. Der Ort entwickelte sich erst ab Mitte des 19. Jahrhunderts um einen Verladebahnhof für das Holz aus dem nahe gelegenen Lüßwald. Heute ist Unterlüß mit der Bahn leicht erreichbar und dank seiner günstigen Lage im Naturpark ein guter Ausgangspunkt für Radfahrer und Wanderer. Vom Bahnhof folgen Sie dem Radwegweiser Richtung Hermannsburg entlang der Durchfahrtsstraße, bis Sie nach wenigen Kilometern den Wanderparkplatz Kalte Hofstube erreichen. Sie verlassen hier die Nebenstraße und biegen nach rechts auf den Radweg Richtung Müden und Oberohe ein.

REIZVOLLE HEIDE Die Route taucht nun in die reizvolle Oberoher oder Große Heide ein, geprägt von ausgedehnten, von Heidschnucken gepflegten Heideflächen, Birkenhainen, Wacholderwäldern, Sandkuhlen, Heidebächen und kleinen Teichen. Immer wieder können Sie unterwegs schöne Ausblicke auf die vielseitige Landschaft genießen. Sie folgen dem Radweg zum Wanderparkplatz Oberohe mit gepflegtem Rastplatz und gelangen am urigen Gartencafé Zur Heidehexe vorbei zur Nebenstraße, der Sie kurz nach rechts folgen und die Sie dann nach links Richtung Faßberg überqueren.

Tipp

LÜNEBURGER-HEIDE-ERFAHRUNG

Ein künstlerisches Kleinod in der Lüneburger Heide ist das in einem Fachwerkhaus untergebrachte Albert-König-Museum in Unterlüß, wo der Maler und Grafiker Albert König (1881–1944) lebte und viele Kunstwerke schuf. Die schöne Kunstausstellung mit Königs Gemälden, Aquarellen, Zeichnungen und Holzschnitten von der Landschaft und den Kieselgurgruben in der Südheide lohnt einen Besuch, auch wegen der wechselnden Ausstellungen mit Werken namhafter Künstler.

Müdener Dorfkirche

Der folgende Streckenabschnitt führt um den Ferienpark und die ehemalige Kieselgur-Grube Oberohe, dann öffnet sich die nächste wundervolle Heidelandschaft. Mit ordentlicher Steigung radeln Sie durch die Heide am Faßberg, mit 94 Metern eher ein Hügel, sein Gipfelkreuz ist allerdings ein beliebtes Ausflugsziel. Fast am Nordzipfel des Naturparks lenken Sie links nach Faßberg und kehren am kleinen Wanderparkplatz mit schönem Rastplatz den Heideflächen den Rücken.

Tipp

GUTEN APPETIT

Die gepflegten Rastplätze bei den Wanderparkplätzen in der Südheide eignen sich bestens zum Verzehr mitgebrachter Speisen und Getränke. Im Touristenort Müden finden Sie aber auch viele gute und nette Einkehrmöglichkeiten mit regionalen und internationalen Gerichten.

PAUSE IN MÜDEN AN DER ÖRTZE Durch Agrar- und Waldgebiet und über das idyllische Schmarbeck radeln Sie weiter nach Faßberg. An der Ortseinfahrt passieren Sie das Luftbrückenmuseum mit eindrucksvollem Außengelände. Beim angrenzenden Fliegerhorst biegt die Route nach links ab und die Radwegweiser leiten durch den Ort und anschließend an der Nebenstraße entlang nach Müden. Die Atmosphäre dieses wunderschönen Ortes an der Örtze lädt bestimmt zum Verweilen ein. Die alten, von Fachwerkhöfen gesäumten Straßen und Gassen, eine typische Heidekirche, alte knorrige Eichen und nette Einkehrmöglichkeiten machen Müden zu einem der Touristenmagnete der Südheide. Am Ortseingang erblicken Sie die historische Wassermühle. Dahinter versteckt sich inmitten eines gepflegten Parks der Heidesee. Die Radwegweiser leiten Sie an der Örtzebrücke nach links weiter zum nächsten Ziel: Hermannsburg. Der reizvolle Abschnitt führt durch den Westen des Naturparks Südheide, der hier von Wald und der Flusslandschaft der Örtze geprägt wird.

NATURSCHUTZ AM HEIDEBACH Am Beginn von Hermannsburg lenken Sie links nach Weesen. Die Route überquert den schönen, leise vor sich hin gurgelnden Heidebach und schlängelt sich durch das idyllische Naturschutzgebiet Weesener Bach. Weesen mit seinen historischen Höfen und alten Baumbeständen durchqueren Sie bis zum alten Ziehbrunnen am Dorfplatz. Hier biegen Sie auf den Wirtschaftsweg nach Lutterloh ein. Die schöne Strecke verläuft weiter durch das stille, waldreiche Naturschutzgebiet am Südufer des Weesener Baches.

Im beschaulichen Lutterloh, wo der Weesener Bach entspringt, stoßen Sie auf eine Nebenstraße, der Sie nach links auf einem schattigen Radweg nach Unterlüß folgen.
Auf der letzten Strecke wartet noch eine Heidelandschaft beim Wanderparkplatz Schillohsberg. Von hier sind es nur wenige Meter an der anderen Straßenseite zur malerischen, wenig besuchten Heidefläche.
Zurück in Unterlüß weist ein Schild auf das Albert-König-Museum hin. Die schöne Kunstausstellung mit unter anderem Werken des Malers Albert König ist ein passender Abschluss dieser Radtour.

INFO

HIGHLIGHT
Naturparadies

TOURENCHARAKTER
Rundtour auf asphaltierten Nebenstraßen und Wirtschaftswegen und ungeteerten Radwegen

AUSGANGS-/ENDPUNKT
Parkplatz beim Bahnhof, Am Bahnhof 1, Unterlüß

GPS-DATEN
52.834528, 10.298750

ANFAHRT
Auto: Auf der B 191 und in Weyhausen weiter auf der Landstraße
Bahn: Mit der Regionalbahn (RB) und dem Regionalexpress ab/bis Hannover, Uelzen und Hamburg

KOMBINIERBAR MIT
Tour 30

E-BIKE-LADESTATION
Bei den Vermietern

RADVERLEIH
Hermannsburg: Wiecheler Weg 1, Weesen, knoop-fahrraeder.jimdosite.com
Faßberg: Wietzendorfer Weg 19, www.fahrradverleih-suedheide.de; Oberohe 25, www.campingheidesee.com; Gaby's Bootsverleih, Fuchsbau 9, www.bootsverleih-gaby.de
Unterlüß: Deutsche Bahn, Bahnhofstraße 1

INFORMATION
www.gemeinde-suedheide.de/ortschaften/ortschaften/unterluess

Mittel | 39 km | 326 Hm | 3.00 Std.

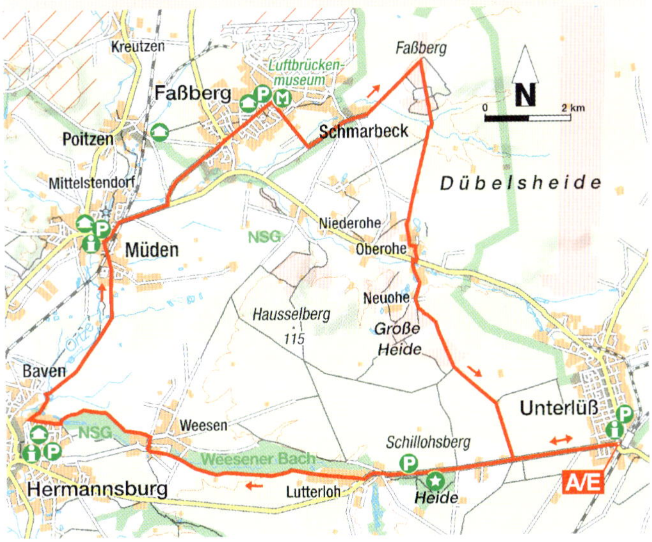

Aschauteiche

30

ZU DEN SEEROSENTEICHEN

Unterlüß – Dalle – Aschauteiche – Eschede – Siedenholz

Die einzigartige Seenlandschaft der Aschauteiche und der Loher Teiche mit bezaubernden Seerosen erleben Sie auf dieser Rundtour zwischen Unterlüß und Eschede, im von Wäldern und Wiesen geprägten Osten des Naturparks Südheide. Bei einer Pause sind Sie mit den frisch zubereiteten Fischen der Teichwirtschaft gut versorgt.

AUF NACH DALLE Der Start ist am Bahnhof in Unterlüß, der Mitte des 19. Jahrhunderts an der Bahnstrecke Hannover–Harburg errichtet wurde, um Holz aus dem ertragreichen Lüßwald abtransportieren zu können. Gleichzeitig mit dem Bahnhof entstanden auch die ersten Häuser einer Siedlung, die den Namen des nahe gelegenen Forsthauses Unterlüß erhielt.
Beim Bahnhofsgebäude geht es rechts durch einen Tunnel unter den Gleisen hindurch zum Radweg an der Landstraße. Sie folgen dabei dem Radwegweiser Weyhausen und radeln an der Landstraße entlang bis zum Wanderparkplatz Lüßwald. Hier leitet Sie die Radzwischentafel nach rechts auf einen Kiesweg nahe der Hochspannungsleitung Richtung Dalle. Der befestigte Weg taucht bald in den Wald ein und erreicht eine Waldkreuzung mit einer imposanten, uralten Eiche. Der Baum ist ein Naturdenkmal und auch bekannt als Tilemannseiche. Hier fahren Sie nach links und folgen dem Wegweiser Dalle. Der sandige, naturbelassene Weg ist eine Herausforderung. Im ruhigen Dorf Dalle geht es an der Kreuzung rechts Richtung Eschede weiter und am Ortsausgang erneut nach rechts. Schon bald erreichen Sie das beschauliche Lohe, das Sie durchqueren, dann radeln Sie links auf einem Wirtschaftsweg weiter.

MALERISCHE TEICHE Die Seerosenteiche sind das nächste Ziel. Die ersten Teiche passieren Sie schon bald: die Loher Teiche. Beidseitig der Radroute erstrecken sich reizvolle Teichlandschaften aus mit Schilf und anderen Pflanzen begrünten Ufern und großflächigen weißen und rosaroten Seerosenteppichen, umgeben vom lauten Quaken der Teichfrösche. Bei den Loher Teichen geht es dann links auf einem sehr schmalen Pfad weiter, vorbei an mehreren Teichen für die Fischzucht bis zu den schönsten Seerosenteichen

Tipp

LÜNEBURGER-HEIDE-ERFAHRUNG

Es zählt zu den größten Zugunglücken in der Geschichte der Deutschen Bahn: das ICE-Unglück von Eschede am 3. Juni 1998 um 10.58 Uhr. Damals prallte der ICE Willem Conrad Röntgen von München nach Hamburg mit rund 200 Stundenkilometern gegen die Brückenpfeiler westlich von Eschede, nachdem ein Radreifen einige Minuten vorher gebrochen war. 101 Menschen kamen dabei ums Leben, 88 wurden schwer verletzt. Zum Gedenken an die Toten wurden neben den Gleisen bei der Brücke 101 Bäume gepflanzt und eine Gedenktafel mit den Namen der Verunglückten errichtet.

Loher Teiche

↑ Fischimbiss an den Teichen
↗ Gedenkstätte ICE-Unglück Eschede
→ Im Herzen des Naturparks Südheide

der Gegend, wo Bänkchen zum Verweilen einladen. Kurz danach treffen Sie auf den Wanderparkplatz Aschauteiche mit schattigem Rastplatz und Fischdelikatessen im Fachwerkhaus.

ESCHEDE Vom Wanderparkplatz folgen Sie der Bundesstraße auf einem separaten Radweg Richtung Eschede. Immer geradeaus radelnd, erreichen Sie die Ortsmitte, wo ein Wegweiser zum bescheidenen Informationszentrum Naturpark Südheide am Bahnhof weist. Die Radtour folgt allerdings dem Radwegweiser Gedenkstätte des ICE-Zugunglückes und passiert dabei eine alte Holländermühle, die heute für Ausstellungen und als Standesamt genutzt wird.
Kurz nach der Mühle überqueren Sie die Bahngleise auf einer Brücke und erblicken rechts unten die beeindruckende Gedenkstätte des schrecklichen ICE-Zugunglückes 1998. Nach kurzem Innehalten geht es auf einer ruhigen Nebenstraße geradeaus weiter, entlang von Wiesen und Waldstücken ins Dorf Rebberlah, wo Sie die bewohnte Welt verlassen und in den Naturpark Südheide Richtung Starkshorn eintauchen.

WALD, SO WEIT DAS AUGE REICHT Die Strecke durch die Natur ab Rebberlah verläuft vorwiegend auf Kieswegen, begleitet von Wäldern, so weit das Auge reicht. Es ist eine besonders stille Route, die auch im Herbst durch die Farbenpracht ihre besonderen Reize hat und während der Brunftzeit viele Besucher anlockt. An der Waldkreuzung den Radtafeln Richtung Lutterloh folgend, gehen Sie durch das Wildgatter und radeln danach Richtung Schröderhof-Unterlüß weiter. Nach dem Schröderhof erreichen Sie den Franzosengrund und den Fachwerkhof Siedenholz, in dem sich eine Akademie für Waldpädagogik befindet. Ab hier folgen Sie dem Radwegweiser weiterhin nach Unterlüß. Die Waldstrecke endet an einer Nebenstraße, wo Sie nach rechts in wenigen Minuten den Ausgangspunkt erreichen. Am Ortsbeginn von Unterlüß können Kunstinteressierte noch einen Stopp im Albert-König-Museum einlegen. Der Maler und Grafiker Albert König (1881–1944) gilt als einer der bedeutendsten Künstler der Südheide.

Tipp

GUTEN APPETIT

Im Fischladen der Teichwirtschaft & Räucherei Aschauteiche kommen Liebhaber von gebeiztem und geräuchertem Fisch voll auf ihre Kosten. Neben Forelle, Karpfen und Aal steht unter anderem auch Schleie auf der Menükarte – einfach nur köstlich!

INFO

HIGHLIGHT
Naturparadies

TOURENCHARAKTER
Rundtour auf asphaltierten Nebenstraßen, auf ungeteerten Wirtschafts- und Radwegen

AUSGANGS-/ENDPUNKT
Parkplatz beim Bahnhof, Am Bahnhof 1, Unterlüß

GPS-DATEN
52.834528, 10.298750

ANFAHRT
Auto: Auf der B 191 und in Weyhausen weiter auf der Landstraße
Bahn: Mit der Regionalbahn (RB) und dem Regionalexpress ab/bis Hannover, Uelzen und Hamburg

KOMBINIERBAR MIT
Tour 29

E-BIKE-LADESTATION
Bei den Vermietern

RADVERLEIH
Unterlüß: Deutsche Bahn, Bahnhofstraße 1

INFORMATION
www.gemeinde-suedheide.de/ortschaften/ortschaften/unterluess; www.eschede.de

Mittel | 36 km | 143 Hm | 2.30 Std.

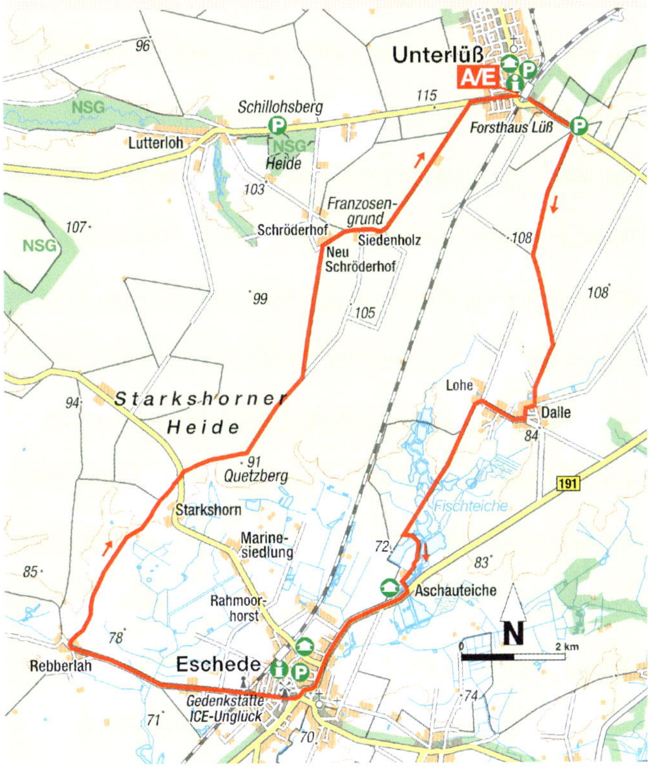

PS:

DANKESCHÖN! Herzlichen Dank, dass Sie sich für unseren Radführer mit rund 1000 Radkilometern kreuz und quer durch die Lüneburger Heide entschieden haben. Wir hoffen, dass Sie nach einer ausführlichen Lektüre oder einfach schon nach dem ersten Durchblättern Lust bekommen haben, diese zauberhafte Region vom Sattel aus zu erkunden. Und dass die von uns sorgfältig zusammengestellten Touren Ihnen ebenso viel Abwechslung und Spaß bringen werden bzw. teilweise vielleicht schon gebracht haben wie uns.

DANKE FÜR DIE UNTERSTÜTZUNG!

An dieser Stelle möchten wir uns auch bei allen Touristeninformationen, Museen, privaten Unternehmen und Einrichtungen recht herzlich für die Unterstützung bedanken. Denn ohne deren Hilfe, Tipps und Genehmigungen zum Fotografieren wäre das Buch in dieser Form nicht zustande gekommen.

Auch möchten wir uns schon vorab bei allen Radlerinnen und Radler recht herzlich bedanken, die uns in Zukunft aktuelle Informationen und Tipps zu den einzelnen Radrouten zukommen lassen werden, damit das Buch stets auf dem neuesten Stand bleibt.

Viel Spaß in der Lüneburger Heide!

Linda O'Bryan
und Hans Zaglitsch

Naturinformationszentrum
Niederhaverbeck

Unterwegs auf der Mühlentour

REGISTER

Ebenfalls erhältlich ...

ISBN 978-3-7343-1367-7

Mit diesem Wanderführer entspannt durch die blühende Landschaft der Lüneburger Heide wandern. Flache Wege, herrliche Aussichten und pures Glück.

ISBN 978-3-7343-2470-3

Aufregende und düstere Geschichten zwischen Heideblüten, historischen Fachwerkhäusern und unberührter Natur.

BRUCKMANN

www.bruckmann.de

IMPRESSUM

Verantwortlich: Tabea Rheinert, Kerstin Thiele
Redaktion und Lektorat: Susanne Maute, mcp concept GmbH
Layout- und Reihengestaltung: Mathias Frisch
Satz: mcp concept GmbH
Repro: LUDWIG:media
Kartografie: Bruckmann Verlag GmbH, Heidi Schmalfuß
Herstellung: Alexander Knoll
Printed in Poland by CGS Printing

Exklusiv für Sie als Leser:

MIT GPS-DATEN ZUM DOWNLOAD

unter: gps.bruckmann.de

Sind Sie mit diesem Titel zufrieden? Dann würden wir uns über Ihre Weiterempfehlung freuen.
Erzählen Sie es im Freundeskreis, berichten Sie Ihrem Buchhändler, oder bewerten Sie bei Onlinekauf. Und wenn Sie Kritik, Korrekturen, Aktualisierungen haben, freuen wir uns über Ihre Nachricht an Bruckmann Verlag, Postfach 40 02 09, D-80702 München oder per E-Mail an lektorat@verlagshaus.de.

Unser komplettes Programm finden Sie unter www.bruckmann.de

Alle Angaben dieses Werkes wurden von den Autoren sorgfältig recherchiert und auf den neuesten Stand gebracht sowie vom Verlag geprüft. Für die Richtigkeit der Angaben kann jedoch keine Haftung übernommen werden, weshalb die Nutzung auf eigene Gefahr erfolgt. Insbesondere bei GPS-Daten können Abweichungen nicht ausgeschlossen werden. Sollte dieses Werk Links auf Webseiten Dritter enthalten, so machen wir uns die Inhalte nicht zu eigen und übernehmen für die Inhalte keine Haftung.
In diesem Buch wird aus Gründen der besseren Lesbarkeit das generische Maskulinum verwendet. Weibliche und anderweitige Geschlechteridentitäten werden dabei ausdrücklich mitgemeint, soweit es für die Aussage erforderlich ist.

Bildnachweis: Alle Bilder im Innenteil und auf dem Umschlag stammen von Hans Zaglitsch (www.hans-zaglitsch.com).
Umschlagvorderseite: Blütezeit im Herzen der Lüneburger Heide
Umschlagrückseite: Unterwegs an den Seerosenteichen in der Südheide

Die Deutsche Nationalbibliothek verzeichnet diese Publikation in der Deutschen Nationalbibliografie; detaillierte bibliografische Daten sind im Internet über http://dnb.d-nb.de abrufbar.

Infanteriestraße 11a
80797 München

ISBN: 978-3-7343-2481-9